Seiwert/Buschbell

Zeitmanagement für Rechtsanwälte
Mehr Erfolg und Lebensqualität

Zeitmanagement für Rechtsanwälte

Mehr Erfolg und Lebensqualität

Von
Prof. Dr. Lothar J. Seiwert und
Rechtsanwalt Hans Buschbell

3., aktualisierte Auflage 1998

DeutscherAnwaltVerlag

Die Deutsche Bibliothek – CIP-Einheitsaufnahme

Seiwert, Lothar J.:
Zeitmanagement für Rechtsanwälte : mehr Erfolg und
Lebensqualität / Lothar J. Seiwert und Hans Buschbell. –
3., aktualisierte Aufl. – Bonn: Dt. Anwaltverl., 1998
    ISBN 3-8240-0279-5

Copyright 1998 by Deutscher Anwaltverlag, Bonn
Redaktionelle Bearbeitung: Dr. Sonja Klug, Rheinbach
Satz und Druck: Scharf & Partner, Agentur für Kommunikation, Bonn
Titelgestaltung: D sign Korn, Solingen
ISBN 3-8240-0279-5

Inhaltsverzeichnis

Seite

0. Warum Zeitmanagement wichtig ist

*"Zeit ist das knappste Kapital, und wenn man sie nicht managen kann,
kann man auch nichts anderes managen."*

(Peter Drucker)

0.1 Anwalt und Zeitmanagement

Bis vor kurzem waren Begriffe wie „Management" und insbesondere „Zeit- und Selbstmanagement" für den Beruf und das Berufsbild des Anwaltes fremd. Ein Anwalt als „Zeit-Manager" wäre als unseriös und unqualifiziert angesehen worden. Das hat sich glücklicherweise jedoch geändert.

Es ist eine unbestrittene Tatsache, daß Anwälte nicht im Verdienst, wohl aber in der Arbeitsbelastung an der Spitze stehen: 60 Stunden und mehr an Arbeitszeit pro Woche sind keine Seltenheit. Kein Wunder also, daß Anwälte mit der Nutzung und dem Ertrag ihrer Arbeitszeit unzufrieden sind und sich gestreßt fühlen.

Die Realität im Arbeitsablauf eines *forensisch* tätigen Anwaltes sieht in der Praxis heute so aus:

❑ Wahrnehmung von *Gerichtsterminen*, wobei ein Großteil der Zeit unproduktiv auf dem Gerichtsflur verbracht wird;

❑ *Besprechungen*, häufig ungeplant und nicht vorbereitet;

❑ Bearbeitung von *Notfristen* in „Zeitnot";

❑ gleichzeitige Bearbeitung vieler *Mandate* mit unterschiedlichen Problemstellungen;

❑ keine Zeit für *Mitarbeiter* und organisatorische Fragen.

Hier kann Zeitmanagement wirksam Abhilfe schaffen:

> **Zeitmanagement** ist die konsequente und zielorientierte Anwendung bewährter Arbeitstechniken in der täglichen Praxis, um sich selbst und die eigenen Lebensbereiche so zu führen und zu organisieren (= „zu managen"), daß die zur Verfügung stehende Zeit sinnvoll und optimal genutzt wird.

Der Grundgedanke des Zeitmanagement ist, mehr aus sich zu machen, sein Leben bewußt zu steuern (Selbstbestimmung) und weniger Spielball der Arbeits- und Lebensverhältnisse anderer (Fremdbestimmung) zu sein. In diesem Buch steht der *berufliche Bereich*, also die Tätigkeit als Anwalt, im Vordergrund. Hier geht es in erster Linie darum, die Situation eigener, ungeordneter Arbeit und von außen beeinflußter Aufgabenerfüllung in eine Situation zielorientierter, systematisch geplanter und erledigter Aufgaben umzuwandeln.

Auch wenn von verschiedenen Seiten die unterschiedlichsten Aufgaben und Anfragen an Sie herangetragen, mannigfach Ansprüche an Sie gestellt und Sie mit Arbeit regelrecht eingedeckt werden, können Sie Ihre Tätigkeiten durch konsequente Zeitplanung und Arbeitsmethoden besser in den Griff bekommen, täglich ein Zeitpolster (auch für mehr *Lebensqualität*) gewinnen, z.B. Freizeit für Erholung, Hobbys und Familie, und dadurch frei für die eigentliche anwaltliche Tätigkeit werden!

➡ Der nachfolgende Fragebogen soll Ihnen erste Aufschlüsse über Ihren bisher praktizierten Arbeitsstil vermitteln.

ZEITMANAGEMENT: Wie gut planen Sie Ihre Zeit?

Selbsteinschätzung:

1 Vor jedem Arbeitstag reserviere ich mir einen Teil für vorbereitende, planerische Arbeit.

| 0 | fast nie | 1 | manchmal | 2 | häufig | 3 | fast immer |

2 Ich delegiere alles, was delegierbar ist.

| 0 | fast nie | 1 | manchmal | 2 | häufig | 3 | fast immer |

3 Ich lege schriftliche Aufgaben und Ziele mit Erledigungsterminen fest.

| 0 | fast nie | 1 | manchmal | 2 | häufig | 3 | fast immer |

4 Ich bemühe mich, jedes Schreiben nur einmal und abschließend zu bearbeiten.

| 0 | fast nie | 1 | manchmal | 2 | häufig | 3 | fast immer |

5 Ich erstelle täglich eine Liste mit zu erledigenden Aufgaben, geordnet nach Prioritäten. Die wichtigsten Dinge bearbeite ich zuerst.

| 0 | fast nie | 1 | manchmal | 2 | häufig | 3 | fast immer |

6 Ich versuche, den Arbeitstag von störenden Telefonanrufen, unangemeldeten Mandanten und ungeplanten Besprechungen möglichst freizuhalten.

| 0 | fast nie | 1 | manchmal | 2 | häufig | 3 | fast immer |

7 Ich versuche, die Arbeiten täglich nach meiner Leistungskurve zu disponieren.

| 0 | fast nie | 1 | manchmal | 2 | häufig | 3 | fast immer |

8 Mein Zeitplan hat Spielräume, damit ich auf akute Probleme reagieren kann.

| 0 | fast nie | 1 | manchmal | 2 | häufig | 3 | fast immer |

9 Ich versuche, meine Aktivitäten so auszurichten, daß ich mich zunächst auf die „lebenswichtigen wenigen" Problemfälle konzentriere.

| 0 | fast nie | 1 | manchmal | 2 | häufig | 3 | fast immer |

10 Ich kann auch nein sagen, wenn Mandanten oder Mitarbeiter meine Zeit beanspruchen wollen und ich wichtigere Dinge zu erledigen habe.

| 0 | fast nie | 1 | manchmal | 2 | häufig | 3 | fast immer |

Auflösung:

0-15 Punkte:	Sie haben keine Zeitplanung und lassen sich von anderen treiben. Einige Ihrer Ziele können Sie jedoch erreichen, wenn Sie eine Prioritätenliste führen und einhalten.
16-20 Punkte:	Sie versuchen, Ihre Zeit in den Griff zu bekommen, sind aber noch nicht konsequent genug, um damit auch Erfolg zu haben.
21-25 Punkte:	Ihr Zeitmanagement ist gut.
26-30 Punkte:	Sie sind ein Vorbild für jeden, der den Umgang mit der Zeit lernen will. Lassen Sie Ihre Kollegen, Mitarbeiter (und auch die Autoren) von Ihren Erfahrungen profitieren!

Lassen Sie sich von einem mageren Ergebnis nicht entmutigen, sondern verwenden Sie Ihre Energie auf einen Abbau dieser Schwachstellen! Dies ist bereits der erste Schritt auf dem Weg zu einem konsequenten **Zeitmanagement!**

Die in den Fragen 1-10 angesprochenen Aspekte werden im *Laufe der folgenden Kapitel* ausführlich behandelt.

Die 10 entscheidenden Vorteile des Zeitmanagement:

1	Aufgabenerledigung mit weniger Aufwand
2	Bessere Organisation der eigenen Arbeit
3	Bessere Arbeitsergebnisse
4	Weniger Hektik und Streß
5	Größere Arbeitszufriedenheit
6	Höhere Arbeitsmotivation
7	Qualifikation für höhere Aufgaben
8	Geringerer Arbeits- und Leistungsdruck
9	Weniger Fehler bei der Aufgabenerledigung
10	Besseres Erreichen der Arbeits- und Lebensziele

Ihr wohl größter Vorteil ist:

➤ Sie nutzen und sparen Ihre knappste und wichtigste Ressource: Ihre ZEIT!

> Wenn Sie keine Zeit haben - dann arbeiten Sie mit diesem Buch, um mehr Zeit zu haben!

Sie werden bei konsequenter Durcharbeitung der einzelnen Kapitel lernen und üben:

❑ Ihre gegebene Zeit rationell zu nutzen,

❑ in Zielen zu denken, mit Zielen zu arbeiten,

❑ durch Planung Gelassenheit zu gewinnen und Streß abzubauen,

❑ sich Erfolgserlebnisse zu verschaffen und mehr freie Zeit zu gewinnen, und zwar täglich mindestens eine Stunde.

0.2 Bedeutung der Zeit

In diesem Abschnitt wollen wir Sie ein wenig stärker für die Bedeutung und den Wert des Gutes „Zeit" sensibilisieren. Versuchen Sie einmal, die folgenden Fragen zu beantworten. Sie werden im Laufe der Ausführungen vertieft.

(1) Haben Sie genügend Zeit?

Wenn Ihre Antwort „Nein" lautet, entspricht dies der Mehrheit aller Führungskräfte:

Mackenzie (1991, S. 9) befragte im Laufe seiner Beratungstätigkeit Tausende von Managern und kam zu folgenden Ergebnissen:

Von 100 Managern

❑ benötigten zehn insgesamt 10% mehr Zeit,

❑ benötigten vierzig 25% mehr Zeit,

❑ benötigte der Rest 50% mehr Zeit,

❑ und nur einer hatte genügend Zeit.

(2) Was bedeutet Ihnen Zeit?

Früher galt es auch bei Anwälten als Statussymbol, „keine Zeit" zu haben und möglichst viel und lange zu arbeiten.

Doch schon die Anwendung der *Zeitgebühr* bei der Honorarrechnung gegenüber dem Mandanten ist ein wichtiges Indiz eines mittlerweile gewandelten Bewußtseins für den Zusammenhang zwischen Zeit und anwaltlicher Arbeitsleistung.

Während Geschäftsleute und Unternehmer Umsatz und Gewinn durch Handel oder durch Produktion von Gütern erzielen, ist dies dem Anwalt nicht möglich. Er muß Umsatz und Gewinn persönlich erarbeiten - in der ihm dafür zur Verfügung stehenden *Zeit*.

➤ Zeit ist nicht nur Geld.

➤ Zeit ist bedeutend mehr wert als Geld!

➤ Zeit ist so etwas wie das Leben selbst!

Ihr Erfolg als Anwalt hängt nicht nur von wirtschaftlich-materiellen Größen ab, wie Umsatz, Gewinn, Immobilienbesitz etc., sondern vor allem davon, wie Sie mit einem der wertvollsten Güter, nämlich der Zeit, umgehen.

➤ Lernen Sie daher, auch und gerade mit *Ihrer* Zeit umzugehen und diese Lücke in Ihrer Hochschul- und Referendarausbildung ebenso wie z.B. im Bereich der Mitarbeiter- und der wirtschaftlichen Führung einer Anwaltskanzlei zu schließen.

➤ Haben Sie sich schon einmal Gedanken darüber gemacht, wieviel Zeit Ihnen zur Verfügung steht?

In einer Zeit, in der wir es gewöhnt sind, mit Millionen-Beträgen oder gar mit Milliarden zu rechnen, kann eine schnell durchgeführte Modellrechnung nachdenklich stimmen.

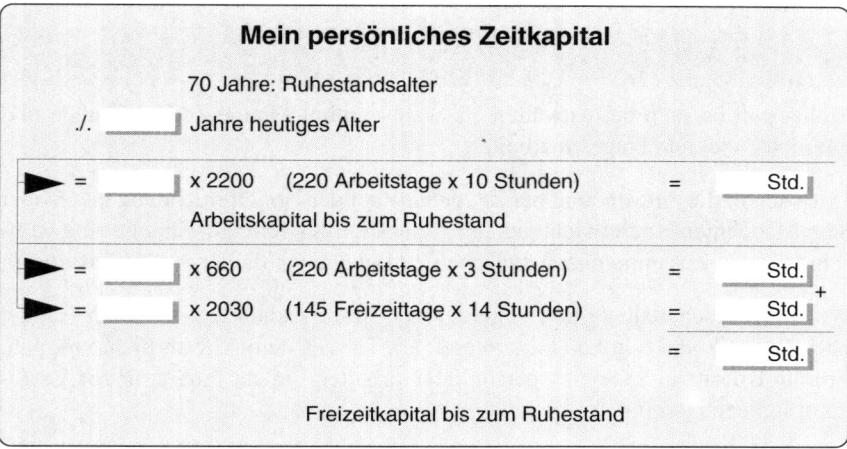

Wenn Sie beide Werte (Arbeitskapital + Freizeitkapital) addieren, erhalten Sie

Ihr persönliches Zeitkapital   Std.

Für viele ist sicher das Ergebnis überraschend, daß in dieser Modellrechnung das Freizeitkapital größer als das Arbeitskapital ist. Sicher werden die gemachten Annahmen über die tägliche Arbeitszeit und die verfügbare Zeit nicht für jeden genau zutreffend sein.

Festzuhalten bleibt:

❑ Das persönliche Zeitkapital liegt je nach Lebensalter um einen Wert von nur einigen zehntausend Stunden!

❑ Selbst bei einer Arbeitszeit von 10 Stunden täglich verfügt man in seinem Arbeitsleben insgesamt über weniger als 90 000 Stunden (40 Jahre à 220 Tage à 10 Stunden = 88 000 Stunden)!

❑ Faßt man Arbeits- und Freizeitkapital als verfügbares Gesamtkapital zusammen und geht von einer höheren Lebenserwartung aus, so verfügt man insgesamt über höchstens 200 000 Stunden!

Bedenken Sie:

Heute beginnt der erste Tag vom Rest Ihres Lebens!

Wenn der Einsatzfaktor „Zeit" nicht vermehrbar und nicht speicherbar ist, so können Sie Ihren persönlichen Erfolg nur durch eine *kontinuierliche und konsequente Nutzung der Zeit erreichen!*

0.3 Zeitinventur - Ihr bisher praktizierter Arbeitsstil

Um an seinem persönlichen Arbeitsstil überhaupt etwas zu ändern, ist es nötig zu wissen, wohin die knappe Zeit geht, was man im einzelnen tut und wie man es tut. Oft bestehen nämlich völlig falsche Vorstellungen darüber, wie und wofür man im täglichen Arbeitsablauf seine Zeit verwendet.

So schleicht sich leicht ein ungeeigneter Arbeitsstil ein, der mehrere Ursachen haben kann: Man weiß nicht,

❑ wofür man seine Zeit überhaupt verwendet,

❑ wieviel Zeit bestimmte Aufgaben erfordern,

❑ welche Stärken und Schwächen der bisher praktizierte Arbeitsstil aufweist,

❑ welche Personen und andere Faktoren die eigene Leistung fördern oder behindern.

Erst wenn Sie tatsächlich festhalten, wieviel Zeit Sie wofür und mit wem ver-(sch)wenden, werden Sie wichtige Fehlerpunkte Ihres persönlichen Arbeitsstils oder Selbstmanagements aufdecken.

➤ Führen Sie daher eine Zeitinventur mehrerer Arbeitstage durch, um Ihren bisherigen Arbeitsstil zu analysieren und Ursachen für auftretende Mängel zu ermitteln.

Eine Zeitinventur ist der Schlüssel zu einem erfolgreichen Selbstmanagement! Das Aufschreiben an sich erbringt schon einen großen Lern- und Selbsterkenntniseffekt!

Für Ihre *Zeitinventur* schlagen wir Ihnen ein dreistufiges Verfahren vor:

(1) Zeitnutzungsanalyse

Erster Schritt ist eine Bestandsaufnahme des Gesamtablaufs aller Tätigkeiten, an denen Sie maßgeblich beteiligt sind. Eine gute Hilfestellung leisten die nachfolgenden Arbeitsblätter

➤ Tätigkeits- und Zeitanalyse

➤ Tagesstörblatt (Unterbrechungen).

➤ Füllen Sie die zwei Bogen in der nächsten Woche an drei typischen Arbeitstagen (oder mehr) konsequent und lückenlos aus!

Bitte seien Sie dabei möglichst *ehrlich und selbstkritisch,* selbst wenn Sie den Eindruck haben, daß die Ergebnisse enttäuschend sein werden! Viele beginnen bald, „Selbstkorrekturen" vorzunehmen, aber sie machen sich damit nur etwas vor!

> Nur eine ehrliche Analyse - *allein für Ihren persönlichen Gebrauch bestimmt* - wird Ihnen deutlich zeigen, wo Ansatzpunkte sind, Ihren Arbeitsstil korrekt zu verbessern.

Anleitung zur Zeitinventur:

❑ Wichtig ist die Auswahl von repräsentativen Arbeitstagen. Wählen Sie ggf. eine ganze Arbeitswoche als Beobachtungsperiode.

❑ Bemühen Sie sich um eine sofortige Registrierung, und vermeiden Sie spätere Notizen aus dem Gedächtnis (der größte Nutzen Ihrer Zeitinventur geht sonst verloren).

Tätigkeits- und Zeitanalyse							
Nr.	Tätigkeit Beschäftigung	von - bis	Dauer (in Min.)	A⁾	B⁾	C⁾	D⁾

⁾ noch nicht ausfüllen

Zum Formblatt „Tätigkeits- und Zeitanalyse":

❑ Beschränken Sie sich auf das Wesentliche, und halten Sie alle Tätigkeiten in Form von Ergebnissen in *Viertelstunden-Abschnitten* fest.

❑ Lassen Sie die mit A, B, C, D bezeichneten Spalten zunächst unausgefüllt. Sie werden bei der anschließenden Analyse der Tätigkeitserfassung benötigt.

Tages-Störblatt (Unterbrechungen)					
Nr.	Störung von bis	Dauer (in Min.)	Telefonat oder Besuch	Wer?	Bemerkungen, z.B. Gründe für Störung

Zum Formblatt „Tages-Störblatt":

Tragen Sie hier alle Störungen und Unterbrechungen ein, die den Arbeitsfluß Ihrer geplanten oder planmäßig durchgeführten Tätigkeiten hemmen oder beeinträchtigen: Telefonate und (unangemeldete) Besucher, evtl. auch Wartezeiten vor Gericht.

Halten Sie vor allem fest, *von wem* Sie unterbrochen werden:

V = Vorgesetzter	K = Klient
Ko = Kollege	L = Lieferant
M = Mitarbeiter	F = Familie
S = Sekretärin	a = andere

Denken Sie beim Ausfüllen daran, nicht nur Einflüsse *von außen* zu notieren, sondern auch, wann *Sie sich selbst* in Ihrem Arbeitsablauf stören, z.B. während einer wichtigen Tätigkeit spontan zum Telefonhörer greifen, weil Ihnen gerade einfällt, daß Sie ja noch Herrn XY anrufen müssen!

Zwei Ansatzpunkte bei der Zeitinventur

Bevor Sie an die Auswertung der Arbeitsbogen gehen, sollten Sie sich klarmachen, in welcher Weise Sie die Ergebnisse auswerten können.

> Sie können entweder die positiven oder die negativen Aspekte in den Mittelpunkt der Analyse stellen.

Somit ergeben sich *zwei Ansatzbereiche,* mit denen Sie arbeiten können:

1 *Die Analyse der Stärken*

Als Anwalt verfügen Sie bereits über eine Vielzahl erfolgreicher Arbeitstechniken - denn sonst könnten Sie die tagtäglich anfallenden Vorgänge nicht bewältigen.

➤ Betrachten Sie daher Ihre Zeitinventur auch unter dem Gesichtspunkt der Stärken und Vorteile Ihres persönlichen Arbeitsstils, um diese systematisch auszubauen und weiterzuentwickeln!

➤ Wenden Sie die Ihnen bereits bekannten Prinzipien des Selbstmanagements konsequent in der täglichen Praxis an!

2 *Die Analyse der Schwachstellen*

Sobald Sie Ihre persönlichen Schwachstellen erkannt und aufgedeckt haben, können Sie Strategien und Ansatzpunkte entwickeln, diese zu beheben oder abzumildern. Hier möchte Ihnen dieses Buch als Helfer und Ratgeber dienen!

Auswertung der Tätigkeits- und Zeitanalyse

Nach der Erfassung Ihrer Aktivitäten während mehrerer typischer Arbeitstage gehen Sie nun jeden Arbeitsbogen durch, und werten Sie Ihre Tagesabläufe nach dem folgenden Schema aus:

1   Beurteilen Sie jede Tätigkeit nach folgenden Kriterien:

A -   War die Tätigkeit notwendig? —— Ja
                                        Nein

Wenn Nein, dann gilt auch Nein für B und C.

B -   War der Zeitaufwand gerechtfertigt? —— Ja
                                              Nein

C -   War die Ausführung zweckmäßig? — Ja
                                         Nein

D -   War der Zeitpunkt der Ausführung sinnvoll? — Ja
                                                    Nein

Tragen Sie jeweils „Ja" oder „Nein" bei jeder Tätigkeit in den einzelnen Spalten ein.

2   Ermitteln Sie die Gesamtdauer der Tätigkeit des jeweiligen Tages.

3   Zählen Sie in jeder Spalte (A, B, C, D) die Zeitdauer der Tätigkeiten zusammen, die Sie mit „Nein" beurteilt haben.

4   Waren mehr als 10% der Tätigkeiten nicht unbedingt notwendig, dann haben Sie Probleme bei der Delegation und beim Setzen der Prioritäten ➞ (Kapitel 3).

War in mehr als 10% der Fälle der Zeitaufwand zu groß, dann müssen Sie die Ursachen näher untersuchen (Arbeitstechniken, Konzentration, Selbstdisziplin etc. ➞ Kapitel 2 und 4).

War in mehr als 10% der Fälle die Ausführung nicht zweckmäßig, dann liegt der Schwerpunkt bei Planung, Organisation, Selbstrationalisierung ➞ (Kapitel 4 und 6).

War in mehr als 10% der Fälle der gewählte Zeitpunkt nicht sinnvoll, dann haben Sie Probleme mit der Planung und Disposition Ihrer Arbeitszeit (Tagesgestaltung, Leistungskurve, Arbeitsvorbereitung etc. ➞ Kapitel 4 und 5).

Auswertung des Tages-Störblatts (Unterbrechungen)

Versuchen Sie, hier Ihre persönlichen Störfaktoren und Verursacher für Unterbrechungen herauszufinden.

Auswertungsfragen:

❏ Welche Störungen und Unterbrechungen waren ihrer Bedeutung nach am kostspieligsten?

❏ Welche Telefonanrufe waren unnötig?

❏ Welche Besucher waren unnötig?

❏ Welche Telefongespräche hätten kürzer oder effektiver sein können?

❏ Welche Besuche hätten kürzer oder effektiver sein können?

❏ Wer waren die häufigsten / empfindlichsten / unnötigsten „Störer"?

Welche *Sofortmaßnahmen* können Sie ergreifen, z.B. den betreffenden Mitarbeiter bitten, nicht mehrmals, sondern nur einmal am Tag - und dann vorbereitet - mit allen Fragen „en bloc" zu kommen?

(2) Zeitverlustanalyse

Erkennen und ermitteln Sie nun anhand der beiden Arbeitsbogen

❏ Tätigkeits- und Zeitanalyse und

❏ Tages-Störblatt (Unterbrechungen)

detailliert die kritischen Punkte, die hinderlichen Gewohnheiten und die häufigsten Fehlerquellen Ihres Arbeitsstils! Analysieren Sie anhand der nachfolgenden *„50-Punkte-Checkliste"* Ihren bisher praktizierten Arbeitsstil, und stellen Sie fest, in welchen Bereichen Sie Zeitverluste haben oder dazu „neigen":

Checkliste „Zeitverlustanalyse"

                                                                          Ja   Nein

Zeitverluste bei der Zielsetzung

| 1 | Habe ich einen systematischen Überblick über alle Aufgaben, die in meinen Arbeitsbereich fallen, z.B. mittels einer „Aktivitäten-Checkliste/Aufgaben-Kontrolle"? | ❏ | ❏ |

| 2 | Habe ich genügend Einblick in die Zusammenhänge zwischen meiner Arbeit und dem gesamten Kanzleigeschehen? | ❏ | ❏ |

18

3	Habe ich zu viele verschiedene Bereiche abzudecken?	❏	❏
4	Beschäftige ich mich mit zu vielen verschiedenen Problemen und Arbeiten, insbesondere Routinemaßnahmen?	❏	❏
5	Führe ich meine juristischen Mitarbeiter und Anwaltsgehilfen durch konkrete Aufgabenverteilung?	❏	❏
6	Arbeite ich regelmäßig daran, neue Ideen zu entwickeln, mein Wissen und Können zu erweitern, nehme ich z.b. regelmäßig an Fortbildungsveranstaltungen teil?	❏	❏

Zeitverluste bei der Planung

7	Kenne ich die ungefähre prozentuale Verteilung von voraussehbaren Arbeiten, z.B. Schriftsätzen vor Terminen, Klagebeantwortungen, Gerichtsterminen, Telefonaten?	❏	❏
8	Bin ich auf mögliche Schwierigkeiten (Krisen) bei der Aufgabenerledigung vorbereitet?	❏	❏
9	Berücksichtige ich eine Reservezeit für unvorhergesehene Fälle, Krisen und Störungen?	❏	❏
10	Treffe ich Vorkehrungen gegen Störungen, um mich meiner Arbeit ununterbrochen widmen zu können?	❏	❏
11	Steuere ich Besprechungen und Gerichtstermine sinnvoll, und achte ich auf unnötige Ausdehnungen?	❏	❏
12	Notiere ich Termine, Aufgaben und Aktivitäten in einem Zeitplanbuch?	❏	❏

Zeitverluste bei der Entscheidung

13	Beurteile ich eine Arbeit, bevor ich mit ihr beginne (lohnt sich der Aufwand)?	❏	❏
14	Lege ich eine Rangordnung der Arbeiten nach ihrer Wichtigkeit (z.B. A, B, C) fest?	❏	❏
15	Teile ich den einzelnen Arbeiten das richtige Maß an Zeit zu, das ihrer Bedeutung (wichtig oder dringlich) entspricht?	❏	❏
16	Verbringe ich zuviel Zeit mit Telefonaten, Besuchern, Besprechungen oder Gerichtsterminen, die für mich keine oder nur geringe Bedeutung haben?	❏	❏
17	Versuche ich, kleine Arbeiten, unwichtige Dinge und Nebensächlichkeiten allzu perfekt zu erledigen?	❏	❏
18	Messe ich reinen Routineaufgaben zuviel Zeit zu?	❏	❏

| 19 | Befasse ich mich bei der Erledigung einer Aufgabe zu sehr mit Einzelfakten, obwohl ich die für mich wichtigsten Dinge bereits kenne? | ❏ | ❏ |
| 20 | Führe ich zwischen den einzelnen Tätigkeiten zu lange Privatgespräche? | ❏ | ❏ |

Zeitverluste bei der Organisation der Arbeit

21	Arbeite ich zu lange an einem bestimmten Schriftsatz oder einer anderen schwierigen Aufgabe, so daß der Ertrag meiner Leistung immer mehr abnimmt?	❏	❏
22	Neige ich dazu, alles selbst machen zu wollen?	❏	❏
23	Verfüge ich über juristische und nichtjuristische Mitarbeiter, denen ich geeignete Aufgaben übertragen kann?	❏	❏
24	Ist mein Schreibtisch ständig überhäuft?	❏	❏
25	Benutze ich moderne Hilfsmittel, die mir die Arbeit erleichtern (Diktiergerät, CD-ROM, Formulare, Checklisten etc.)?	❏	❏
26	Stelle ich Überlegungen zur systematischen Vereinfachung der Arbeit in meinem Tätigkeitsbereich an?	❏	❏
27	Treten in bestimmten Arbeitssituationen immer wieder die gleichen Schwierigkeiten auf?	❏	❏

Zeitverluste zu Beginn der Arbeit

28	Plane ich schon am Vorabend den nächsten Tag?	❏	❏
29	Plaudere ich mit Kollegen oder der Sekretärin, ehe ich mit der Arbeit beginne?	❏	❏
30	Beschäftige ich mich erst einmal mit persönlichen Dingen, lese ich zunächst Zeitung und/oder die Eingangspost?	❏	❏
31	Dauern die Telefonate zur kurzfristigen Informationsbeschaffung mit Mandanten zu lange?	❏	❏
32	Benötige ich für jeden Anfang eine längere Zeitspanne, um wieder in die Arbeit hineinzukommen?	❏	❏
33	Fange ich spontan mit einer Aufgabe an, ohne sie durchdacht zu haben?	❏	❏
34	Sorge ich für eine ausreichende Arbeitsvorbereitung meiner Aktivitäten?	❏	❏
35	Schiebe ich wichtige Dinge oft auf?	❏	❏

| 36 | Beginne ich bei schwierigen Problemen oder Aufgaben in der Mitte oder am Schluß? | ❏ | ❏ |

37 Fange ich bestimmte Arbeiten an und lasse sie liegen, ohne sie zu Ende gebracht zu haben? ❏ ❏

Zeitverluste bei der Tagesgestaltung

38 Kenne ich meinen persönlichen Arbeits- und Leistungsrhythmus? ❏ ❏

39 Weiß ich, ob ich am Morgen oder Abend mehr leiste? ❏ ❏

40 Entspricht mein Arbeitstag meinem Leistungsrhythmus? ❏ ❏

41 Plane ich die günstigste Tageszeit für die wichtigsten Aufgaben ein, um meine Leistungsfähigkeit voll auszunutzen? ❏ ❏

42 Beschäftige ich mich in den Stunden meiner höchsten Leistungsfähigkeit mit Routinearbeiten, Nebensächlichkeiten und unwichtigen Problemen? ❏ ❏

Zeitverluste bei der Information und Kommunikation

43 Wähle ich meinen Lesestoff (z.B. mir überlassene Akten, Fachliteratur) im Hinblick auf Wichtigkeit, Nutzen und Verwertbarkeit aus? ❏ ❏

44 Überfliege ich meinen Lesestoff, um die Hauptgedanken zu erfassen und dann auf wichtige Stellen näher einzugehen? ❏ ❏

45 Beende ich ein Telefonat, eine Unterredung oder eine Besprechung, wenn jedes weitere Wort nutzlos erscheint? ❏ ❏

46 Bereite ich mich auf Besprechungen, vor allem auf Gerichtstermine, ausreichend vor? ❏ ❏

47 Prüfe ich die Gesprächsziele des anderen und meine eigenen, um Energie- und Zeitverschwendung auszuschließen? ❏ ❏

48 Bereite ich meine Korrespondenz mit einfachen oder detaillierten Entwürfen vor? ❏ ❏

49 Leiste ich bei Besprechungen und Gerichtsterminen kreative Beiträge zur Konfliktlösung? ❏ ❏

50 Benutze ich Formulare für Routinearbeiten? ❏ ❏

➤ Wie ist Ihr Ergebnis?

> Lassen Sie sich von der Vielzahl der angekreuzten Schwachstellen nicht entmutigen!

Nachdem Sie durch eine Zeitinventur und Analyse Ihres bisherigen Arbeitsstils die genauen Faktoren kennen, können Sie mit einem höheren Problembewußtsein an die einzelnen Kapitel dieses Buches herangehen: Alle hier aufgeworfenen Probleme werden dort behandelt!

➤ Versuchen Sie, die einzelnen Punkte ihrer *Wichtigkeit* nach neu zu ordnen! So fördern Sie eine zielorientierte Vorgehensweise bei der Durcharbeitung der nachfolgenden Ausführungen.

Wichtigste Zeitverlustquellen

1. _____

2. _____

3. _____

4. _____

5. _____

(3) Zeitfresseranalyse

Versuchen Sie abschließend, Ihre fünf häufigsten und zeitintensivsten Urheber von Zeitverlusten zu identifizieren!

➤ Gehen Sie folgende Liste der bedeutsamsten 30 *Zeitfresser* oder Zeitfallen einmal durch, und kreuzen Sie „Ihre" fünf wichtigsten an:

1	Unklare Zielsetzung	❑
2	Keine Prioritäten	❑
3	Versuch, zuviel auf einmal zu tun	❑
4	Fehlende Übersicht über anstehende Aufgaben und Aktivitäten	❑
5	Schlechte Tagesplanung (Zeiteinschätzungen, Puffer, Prioritäten)	❑
6	Persönliche Desorganisation / überhäufter Schreibtisch	❑

22

7	Papierkram und Lesen	❑
8	Schlechtes Ablagesystem, unzureichende Aktenordnung	❑
9	Suche nach Notizen, Merkzetteln, Adressen / Telefonnummern	❑
10	Mangelnde Motivation / arbeitsindifferentes Verhalten	❑
11	Mangelnde Koordination / Teamwork	❑
12	Telefonische Unterbrechungen	❑
13	Unangemeldete Besucher	❑
14	Unfähigkeit, nein zu sagen	❑
15	Unvollständige, verspätete Information	❑
16	Fehlende Selbstdisziplin	❑
17	Aufgaben nicht zu Ende führen	❑
18	Ablenkung / Lärm	❑
19	Langwierige Besprechungen	❑
20	Mangelnde Vorbereitung auf Gespräche und Besprechungen	❑
21	Keine oder unpräzise Kommunikation	❑
22	Privater Schwatz	❑
23	Zuviel Kommunikation (mit Mandanten oder Mitarbeitern)	❑
24	Zu viele Aktennotizen	❑
25	Aufschieberitis	❑
26	Alle Fakten wissen wollen	❑
27	Wartezeiten (z.B. bei Verabredungen, Terminen)	❑
28	Hast, Ungeduld	❑
29	Zu wenig Delegation	❑
30	Mangelnde Kontrolle delegierter Arbeiten	❑

Bedenken Sie:

Mit der Bekämpfung Ihrer fünf wichtigsten Zeitfresser können Sie bereits eine erhebliche Leistungssteigerung erreichen.

0.4 Funktionen des Zeitmanagement (Regelkreis)

Der Prozeß des *Zeitmanagement* läßt sich durch einen *Regelkreis* darstellen, der die Beziehungen zwischen den einzelnen Management-Funktionen aufzeigt.

Im *Außenkreis* lassen sich die folgenden fünf Funktionen unterscheiden:

1.   *Zielsetzung*
   Analyse und Formulierung der persönlichen Ziele

2.   *Planung*
   Erstellung von Plänen und Handlungsalternativen für die eigenen Tätigkeiten

3.   *Entscheidung*
   Treffen der Entscheidung über die durchzuführenden Aufgaben

4.   *Realisation und Organisation*
   Tagesgestaltung und Organisation der persönlichen Arbeitsabläufe zur Realisierung der anstehenden Aufgaben

5.   *Kontrolle*
   Kontrolle seiner selbst und der erzielten Ergebnisse (ggf. Korrektur der Zielsetzung).

Im *Innenkreis* steht ergänzend dazu die Funktion

6.   *Information und Kommunikation,*
   um die sich die anderen Funktionen gewissermaßen „drehen", denn Kommunikation als Austausch von Information ist bei allen Teilaktivitäten des *Zeit- und Selbstmanagement-Prozesses* unabdingbar.

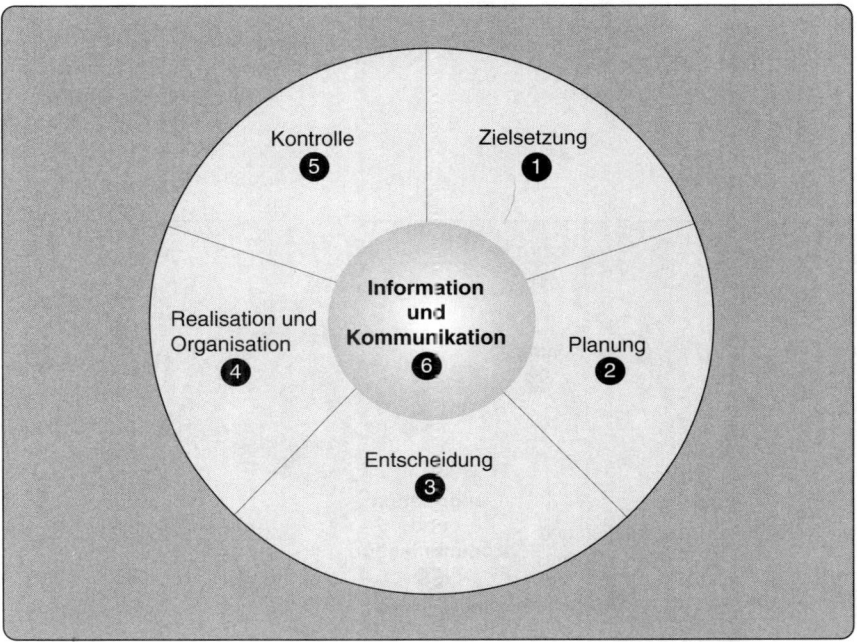

Die einzelnen Funktionen des Regelkreises laufen nicht nacheinander ab, sondern sind vielfältig miteinander verflochten.

Die folgenden Kapitel des Buches sind entsprechend dem Regelkreis aufgebaut. So werden die den einzelnen Zeitmanagement-Funktionen zugeordneten Arbeitstechniken und Methoden deutlich.

25

1. Setzen Sie sich Ziele

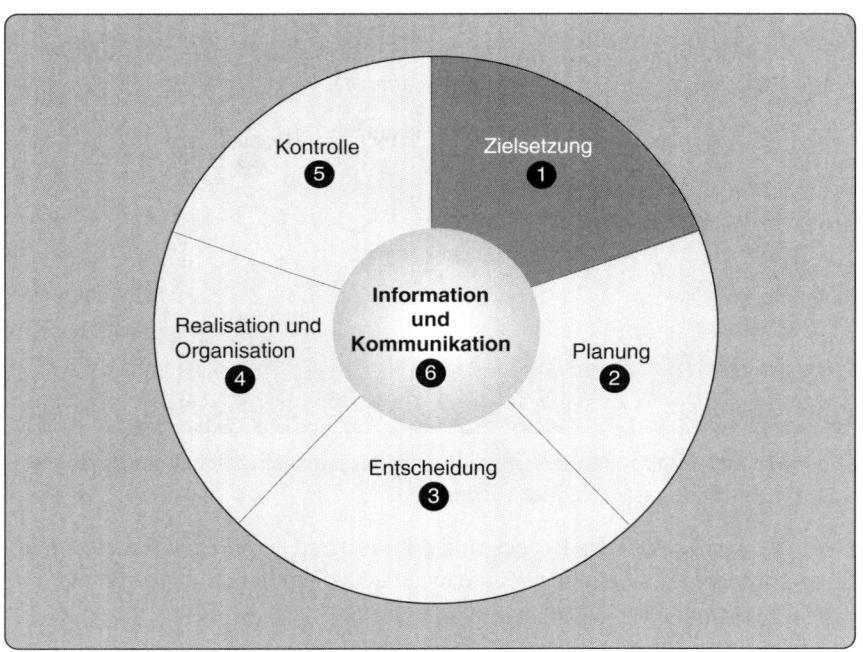

„Nachdem wir das Ziel endgültig
aus den Augen verloren hatten,
verdoppelten wir unsere Anstrengungen."

(Mark Twain)

1.1 Bedeutung der Zielsetzung

Ziele setzen heißt,

1. die vorhandenen und latenten Bedürfnisse, Interessen, Wünsche oder Aufgaben, die wir haben, in klare Absichten zu fassen und in präzisen Formulierungen auszudrücken und

2. unsere Handlungen und unser Tun auf diese Ziele und ihre Erfüllung hin auszurichten.

Es kommt nicht darauf an, *was* Sie tun, sondern *wozu* Sie etwas tun. Ohne Ziele fehlt das Bewertungskriterium, an dem Sie Ihren Arbeitseinsatz messen können. Auch die beste Arbeitsmethode nützt nichts, wenn nicht vorher klar war und eindeutig festgelegt ist, was ich will.

Fragen Sie sich daher ständig bei Ihrer täglichen Aufgabenbewältigung:

→ Bringt mich das, was ich im Moment tue, wirklich meinem betreffenden Ziel näher?

Ziele setzen heißt, in Richtung Zukunft denken. Das traditionelle Denken in Einzelaufgaben verleitet dazu, sich in Einzelheiten zu verlieren. Diese Gefahr besteht bei uns Rechtsanwälten ganz besonders, weil wir es aufgrund unserer traditionellen Mandatsbearbeitung gewohnt sind, „nur" in Einzelmandaten zu denken. Das Denken in Zielen bewirkt, daß das einzelne auf das große Ganze ausgerichtet wird:

> Man weiß, wohin man will und welchen Endzustand es zu erreichen gilt.

Zielsetzung bedeutet, sein Tun und Handeln *bewußt* auf bestimmte Leitlinien und Orientierungen hin auszurichten. Für unser Zeit- und Selbstmanagement und eine bewußte Lebensführung ist es fundamental und wichtig zu wissen, wohin wir wollen und wohin wir nicht wollen *(Selbstbestimmung)*, um nicht dort anzukommen, wo andere uns hinhaben wollen *(Fremdbestimmung)*.

Wenn ich „bewußt" Ziele habe, richte ich auch meine unbewußten Kräfte auf mein Tun aus. Ziele dienen der Konzentration der Kräfte auf den eigentlichen Schwerpunkt.

Sich der eigenen Ziele bewußt zu werden kann eine erhebliche *Selbstmotivation* für die eigene Arbeit bedeuten.

Zufällige Erfolge sind gut, aber selten. Geplante Erfolge sind besser, da häufiger und beeinflußbar. Voraussetzung der Planung - auch des Erfolges - ist, genau zu wissen,

➤ was man

➤ bis wann

➤ in welchem Ausmaß

erreicht haben will. Zielsetzung ist unabdingbare Voraussetzung für Planung, Entscheidung und die tägliche Arbeit.

Betreten Sie noch mit der Einstellung Ihre Kanzlei:

„Ich werde daran arbeiten, was heute (gerade) anliegt, was auf meinem Schreibtisch herumfliegt." ?

Dann machen Sie Schluß damit! Setzen Sie eindeutige Ziele für sich (und Ihre Mitarbeiter, möglichst mit diesen gemeinsam erarbeitet), und richten Sie sich nach dem Prinzip:

Ich werde daran arbeiten, was *ich* heute erreichen will!

In diesem Kapitel wird folgender *Zielsetzungsprozeß* zugrunde gelegt:

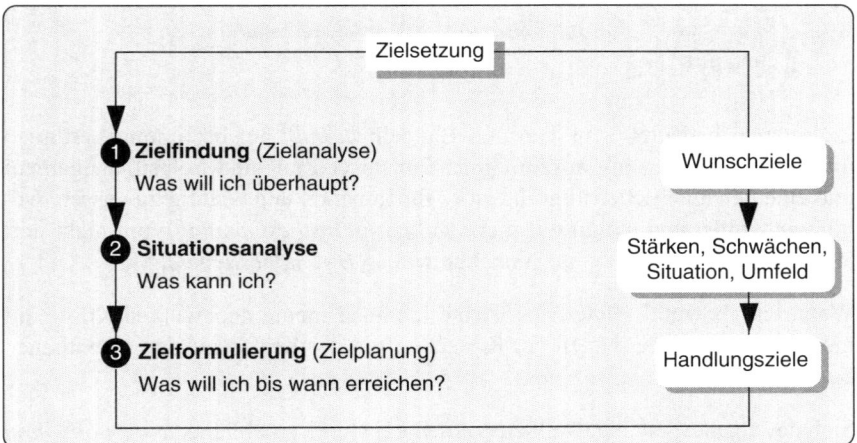

28

1.2 Zielfindung

> Verschaffen Sie sich Zielklarheit!

➤ Welche Ziele wollen Sie erreichen?

➤ Wie sehen diese aus? Lassen sie sich untereinander vereinbaren?

➤ Gibt es ein sogenanntes Oberziel und bestimmte Zwischenziele auf dem Weg dorthin?

➤ Wissen Sie, was Sie selbst dafür tun können (Stärken) und woran Sie noch arbeiten müssen (Schwächen)?

> Halten Sie Ihre Ziele immer schriftlich fest.

Auf diese Weise

- nehmen vage Vorstellungen konkrete Formen an,

- prägen sich Ihre Ziele auch visuell ein und

- bekommen einen verbindlicheren Charakter.

> Formulieren Sie Ihre Ziele immer so, daß sie sich in unmittelbare Handlungen umsetzen lassen

Beispiel:

1. *nicht:* Ich will gesünder leben.

   sondern: Ich will jeden Tag 15 Min. Waldlauf (Jogging) machen.

2. *nicht:* Ich werde die Fristen rechtzeitig bearbeiten.

   sondern: Jede Fristsache muß drei Tage vor Fristablauf zur Unterschrift vorliegen.

Solche konkreten, handlungsbezogenen Ziele lassen sich auch unmittelbar planen, z.B. im AnwaltPlaner für bestimmte Tage oder Wochen fixieren oder festschreiben, und im darauffolgenden Schritt auch realisieren.

➤ Wir wollen Sie in diesem Abschnitt dazu anregen, anhand verschiedener Übungen Ihre Ziele zu durchdenken. Konkretes zu fassen und zu systematisieren sowie auch schriftlich festzuhalten.

Bisher war die Situation häufig so:

Der Anwalt gründete eine Praxis oder begann seine berufliche Tätigkeit zusammen mit Kollegen. Über Spezialisierung, Klientel oder die Erschließung neuer Tätigkeitsfelder wurde nicht nachgedacht, denn man ging im „Tagesgeschäft" auf. So blieb die berufliche Karriere dem Zufall überlassen.

Für den sicheren Weg zum beruflichen Erfolg ist es jedoch nötig, ein *Leitbild* zu entwickeln und daraus Ihre beruflichen *Ziele* abzuleiten.

Ihr berufliches Leitbild ist der Schlüssel zu Ihrem beruflichen und persönlichen Erfolg:

➤ Vom Berufsleitbild geht eine starke Arbeits- und Leistungsmotivation aus.

➤ Das Berufsbild steuert Ihre Aktivitäten, Orientierungen und Berufsentscheidungen auf diesen Wunsch hin.

➤ Das Berufsleitbild ist der Leitfaden für Ihre zukünftige Berufsausübung.

Entwickeln Sie jetzt schriftlich *Ihr ganz persönliches* berufliches Leitbild!

Ich möchte

❑ eine kleine, überschaubare Kanzlei mit ausgewählter Klientel besitzen

❑ (Senior-)Partner einer großen Kanzlei werden

❑ Niederlassungen im EU-Bereich gründen

❑ als Spezialist für _____ -Recht gezählt werden

❑ eine Professur/einen Doktortitel erwerben

❑ mich selbständig machen als Rechtsanwalt

❑ eine Geschäftsführerposition in einem Verband erreichen

❑ eine politische Karriere als _____ anstreben

❑ in ____ Jahren aussteigen und auf der _____-Insel als _____ leben

❑ _____ bei _____ sein oder werden

❑ _____

30

Auf Ihrem Weg zur Erreichung Ihrer Wunschposition gibt es nur solche Grenzen, die Sie sich selbst setzen. Beantworten Sie daher die folgenden Besinnungsfragen:

❑ Warum tun Sie es eigentlich nicht?
Antwort: _____

❑ Was haben Sie bisher dagegen getan, um diese Gründe zu beseitigen?
Antwort: _____

❑ Was haben Sie bisher dafür getan, um näher an Ihre Wunschposition heranzukommen?
Antwort: _____

❑ Kennen Sie die Anforderungen Ihrer Wunschposition?
Antwort: _____

❑ Wenn nein, wie groß ist eigentlich Ihr wirkliches Interesse daran?
Antwort: _____

❑ Welches ist Ihre größte Schwierigkeit überhaupt näher an die Wunschposition heranzukommen?
Antwort: _____

❑ Was haben Sie bisher getan, um die Schwierigkeiten zu mindern oder zu beseitigen?
Antwort: _____

❑ Was müßte man tun?
Antwort: _____

❑ Welches Ziel wollen Sie sich setzen, um diese Schwierigkeiten in einem angemessenen Zeitraum zu überwinden?
Antwort: _____

> Ziel:

(2) Ihre beruflichen Ziele

Wenn Sie Ihr berufliches Leitbild entwickelt haben, können Sie jetzt Ihre beruflichen Ziele im einzelnen festlegen. Unterscheiden Sie zwischen langfristigen, mittel- und kurzfristigen Zielen.

MEINE BERUFLICHEN ZIELE

langfristig (Karriereziele):	Maßnahmen zur Zielerreichung:	Wann erledigt?

mittelfristig (5 Jahre):	Maßnahmen zur Zielerreichung:	Wann erledigt?

kurzfristig (nächste 12 Monate):	Maßnahmen zur Zielerreichung:	Wann erledigt?

1.3 Situationsanalyse

Nachdem Sie für sich die Frage nach den beruflichen *Zielen* geklärt haben, wollen wir uns im Rahmen einer Bestandsaufnahme mit Ihren persönlichen Ressourcen, den *Mitteln* zur Zielerreichung, beschäftigen.

Die Situationsanalyse soll Aufschluß über Ihre Stärken und Schwächen geben und Hinweise liefern, welche Bereiche Sie ausbauen können und an welchen Punkten Sie noch arbeiten müssen.

(1) Leitfragen zur beruflichen Situationsanalyse

Kenne ich die Ziele meiner Position?	
Weiß ich, was von meiner Position, was von mir erwartet wird?	
Sind meine Ziele mit meinem Partner/Chef/Mitarbeiter abgestimmt?	
Kenne ich die zu meinem Arbeitsgebiet gehörenden, routinemäßig wiederkehrenden Aufgaben?	

Plane ich meine Aufgaben?	
Habe ich jederzeit einen Überblick über die zur Bearbeitung anstehenden Aufgaben?	
Kenne ich die Dringlichkeit und Wichtigkeit meiner Aufgaben?	
Setze ich Prioritäten?	
Erledige ich meine Aufgaben rechtzeitig?	
Gerate ich dabei öfter unter Druck?	
Muß ich von anderen Stellen an die Erledigung von Aufgaben erinnert werden?	
Schiebe ich Aufgaben vor mir her?	
Nehme ich Aufgaben selbständig in Angriff?	
Erledige ich meine Aufgaben vollständig?	
Erhalte ich oft Rückfragen oder Reklamationen?	
Erhalte ich Klagen darüber, daß ich andere Stellen unzureichend informiere?	
Wie groß ist der Einfluß der Kanzlei auf meinen persönlichen Lebensbereich?	
Meine Kompetenz, mein Entscheidungsspielraum?	
Welchen Nutzen biete ich durch meine momentanen Leistungen?	
Welche Gegenleistung kann ich erzielen (Honorar, sozialer und beruflicher Aufstieg, Kontakte etc.)?	
Welche Erfolge und Teilerfolge kann ich in absehbarer Zeit erzielen?	
Mit welchen Mißerfolgen muß ich rechnen?	
Welches sind die Hauptvorzüge meiner/unserer Kanzlei?	

Im nächsten Schritt wollen wir nun Ihre persönlichen *Stärken und Schwächen* näher analysieren.

(2) Die größten Erfolge

Welche Fähigkeiten, Kenntnisse, Erfahrungen etc. waren notwendig, um die bisherigen Erfolge zu erzielen?

Versuchen Sie, jeweils die Fähigkeiten herauszufinden, die Sie bei dem betreffenden Ereignis eingesetzt haben:

Persönliche Kenntnisse + Fähigkeiten

Fachkenntnisse

- ❏ spezielle Kenntnisse eines bestimmten Rechtsgebietes
- ❏ EDV-Wissen
- ❏ Darstellungsvermögen
- ❏ Rhetorik (z.B. für Strafverteidigungen)
- ❏ Managementwissen
- ❏ Betriebswirtschaftliche Spezialkenntnisse
- ❏ Allgemeinwissen
- ❏ Kontakte und Beziehungen

Persönlichkeit

- ❏ Körperliche Verfassung, Fitneß, Widerstandskraft
- ❏ Auftreten, Aktivität, Stehvermögen
- ❏ Kontaktfähigkeit, Zuhören können, Einfühlungsvermögen
- ❏ Anpassungsfähigkeit, Hilfsbereitschaft
- ❏ Kritikvermögen, Selbstkritik

Führungsfähigkeiten

- ❏ Durchsetzungskraft, Überzeugungsvermögen
- ❏ Fähigkeit zur Delegation, Unterweisung
- ❏ Motivation von Menschen und Gruppen
- ❏ Fähigkeit zur Teamarbeit und Kooperation

Denkfähigkeiten

- ❏ Urteilskraft
- ❏ Kreativität
- ❏ Logisches Denken
- ❏ Denken in Strukturen, Systemen

Arbeitstechniken

- ❏ Rationelles und systematisches Arbeiten
- ❏ Entscheidungstechniken, Problemlösungen
- ❏ Konzentrationsfähigkeit, rationelles Lesen
- ❏ Arbeitsmethodik, Organisation
- ❏ Diskussions- und Verhandlungstechniken

Persönliche Erfolgsbilanz	
Meine größten Erfolge, Leistungen etc.	**Wie habe ich sie errungen? (Fähigkeiten, die dafür notwendig waren)**
1	
2	
3	
4	
5	
Sonstiges	

Erfolge und Fähigkeiten sind nur die eine Seite der Medaille. Auf der anderen Seite müssen Sie sich über Ihre *Schwachpunkte* klar werden, um sie entweder abzubauen oder entsprechend frustrierende Aktivitäten zu vermeiden.

→ Stellen Sie daher auch eine Bilanz Ihrer

> größten Mißerfolge und Niederlagen

auf, und notieren Sie, an welchen mangelnden Fähigkeiten, Eigenschaften etc. es *auch* gelegen haben mag. Überlegen Sie weiterhin, wie Sie seinerzeit diesen Mißerfolg überwunden haben.

> Seine Schwächen zu erkennen heißt, seine Stärken auszubauen.

Persönliche Negativbilanz

Meine größten Mißerfolge, Niederlagen etc.	Fähigkeiten, die hier gefehlt haben	Wie habe ich Mißerfolge überwunden?
1		
2		
3		
4		
5		
Sonstiges		

(3) Stärken und Schwächen

Im nächsten Schritt ordnen Sie die gefundenen Fähigkeiten und Mängel nach Bereichen und geben die jeweils wichtigsten *zwei oder drei* Stärken und Schwächen an. Ihr persönliches Fähigkeitsprofil ist eine der Grundlagen für die Planung der nächsten Schritte und Maßnahmen zur Erreichung von Zielen.

Fähigkeitsprofil	Stärken +	Schwächen -
Berufliche Kenntnisse und Erfahrungen	1 2 3	1 2 3
Soziale und kommunikative Eigenschaften	1 2 3	1 2 3
Persönliche Fähigkeiten	1 2 3	1 2 3
Führungsfähigkeiten	1 2 3	1 2 3
Denkfähigkeiten Arbeitstechniken	1 2 3	1 2 3
Sonstiges	1 2 3	1 2 3

36

Letzte Stufe der Situationsanalyse ist die

in der die zur Erreichung der Wunschziele notwendigen Mittel (persönliche, finanzielle, zeitliche Ressourcen) mit der Ist-Situation verglichen werden.

Nehmen Sie Ihre „beruflichen Ziele" zur Hand, und wählen Sie die für Sie wichtigsten fünf aus. Finden Sie heraus, welches die dazu notwendigen Mittel sind, und prüfen Sie, was Sie noch erreichen bzw. noch in Angriff nehmen müssen, um diesem Lebensziel näherzukommen.

Ziel-Mittel-Analyse

Wunschziele	Notwendige Mittel Was ist erforderlich?	Situationsanalyse		Handlungsziele Maßnahmen
		vorhanden (Fähigkeiten etc.)	nicht vorhanden	
1				
2				
3				
4				
5				

1.4 Zielformulierung

Letzte Stufe des Zielsetzungsprozesses ist die konkrete Zielformulierung, die Ableitung von Handlungszielen für die nachfolgende Stufe der Planung.

Termine setzen - Ergebnisse formulieren

Jedes Ziel, das Sie sich setzen wollen, hat nur dann einen Sinn, wenn

❏ ein *Termin* oder Zeitpunkt festgelegt und

❏ die angestrebten *Ergebnisse* formuliert werden.

Fixieren Sie diese nun für Ihre Wunsch- und Handlungsziele, und überprüfen Sie, inwieweit Ihre Pläne auch realistisch sind. Den Maßstab legen Sie an!

➤ Denken Sie dabei auch an solche Bereiche wie Körper und Gesundheit, denn (nur) eine gute *Gesundheit* und Konstitution ist die Voraussetzung für ein aktives, zielbewußtes Leben - für ein erfolgreiches Selbstmanagement.

➤ Vergessen Sie nicht die persönliche Weiterbildung, um Ihr Wissen und Können zu steigern.

➤ Nehmen Sie sich nicht *zu viel auf einmal vor,* denn Aufgaben, die Sie überfordern, haben wenig Chancen, realisiert zu werden. Je mehr Ziele Sie sich setzen, um so mehr müssen Sie u.U. in Ihrem bisherigen Leben verändern bzw. an neuen Aktivitäten entwickeln.

➤ Setzen Sie auch *konkrete, kurzfristige Ziele,* die auf Ihre langfristigen Globalziele ausgerichtet sind. Bei langfristigen Zielen müssen Sie mit sich ändernden Umweltbedingungen und neuen Entwicklungen rechnen. Daneben ist es motivationspsychologisch wichtig, auch kurzfristig erreichbare (Teil-)Ziele zu verfolgen, um Erfolgserlebnisse zu haben.

Zielplan						
Nr.	Karriereziele Berufsziele Wunschziele	Bedeutung Wichtigkeit	Termin Jahr	Handlungsziele, Teilpläne, Maßnahmen, nächste Schritte	Termin bis wann?	Kontrolle

1.5 Zusammenfassung

❑ Das *Denken in Zielen* bewirkt, daß das einzelne auf das große Ganze ausge-richtet wird.

❑ Man weiß, wohin man will und welchen Endzustand es zu erreichen gilt.

❑ Verschaffen Sie sich zunächst *Zielklarheit*, indem Sie in den angebotenen Übungen genau aufschreiben, was Sie konkret erreichen wollen (Wunsch- und Lebensziele).

❑ Das *Zielinventar* faßt die schrittweise erarbeiteten, persönlichen und berufli-chen Leitbilder zusammen.

❑ Die persönliche und berufliche *Situationsanalyse* stellt eine Bestandsaufnah-me der persönlichen Ressourcen (Mittel zur Zielerreichung) dar und gibt Aufschluß darüber, welche Bereiche ausgebaut werden können *(Stärken)* und an welchen Punkten noch gearbeitet werden muß *(Schwächen)*.

❑ Nächster Schritt ist die *Ziel-Mittel-Analyse*, bei der die zur Erreichung der Wunschziele notwendigen Mittel (persönliche, finanzielle, zeitliche Ressour-cen) mit der Ist-Situation verglichen werden.

❑ Aus der Ableitung von Maßnahmen zur Erreichung der Wunschziele, z.B. Konzentration auf bestimmte Stärken, ergeben sich konkrete *Handlungszie-le* für den weiteren Zeitmanagementprozeß. *Zielformulierung* beinhaltet, Termine zu setzen und Ergebnisse zu fixieren.

❑ Die Formulierung von Handlungszielen wird abschließend in einem *Zielplan* festgehalten, der regelmäßig überprüft, aktualisiert und ergänzt werden sollte.

2. Planen Sie die Erledigung Ihrer Aufgaben

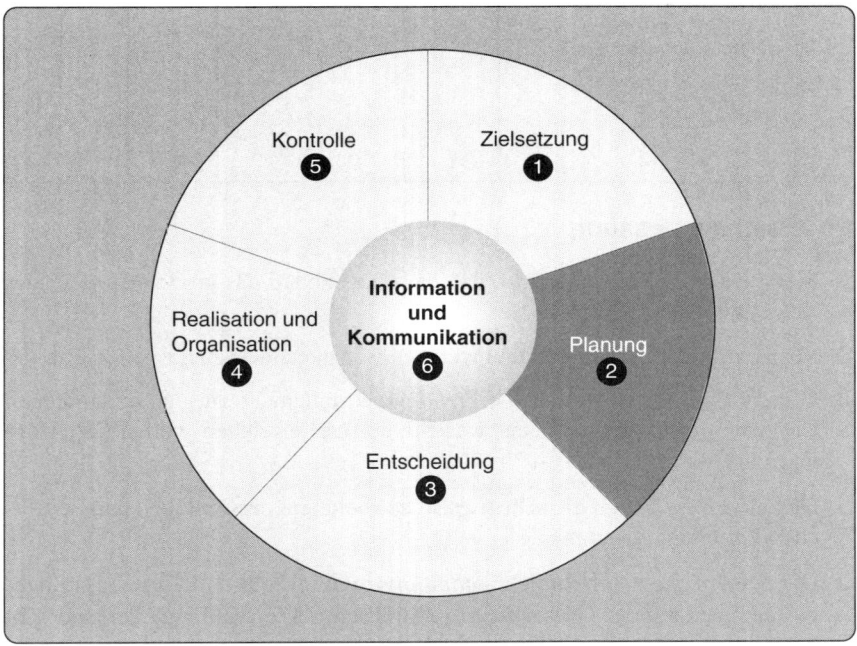

*„Wer alles nimmt, wie es kommt, der
arbeitet nicht, der wird gearbeitet."
(Polymedia)*

2.1 Grundlagen der Planung

Je besser wir unsere Zeit einteilen (= planen), desto besser können wir sie für unsere persönlichen und beruflichen Zielvorstellungen nutzen.

Planung bedeutet daher im Sinne des Zeitmangement-Kreises:

> Vorbereitung zur Verwirklichung von Zielen
>
> +
>
> Strukturierung von Zeit

Die *Planung Ihrer Zeit* bringt Ihnen folgende Vorteile:

❑ bessere und schnellere Erreichung Ihrer beruflichen und persönlichen *Ziele,*

❑ *Zeit* sparen und Zeit gewinnen für die wirklich wichtigen Aufgaben und Ziele (Führungsaufgaben, Mitarbeiter, Kreativität, Familie, Freizeit),

❑ *Überblick* über alle Projekte, Aufgaben und Tätigkeiten,

❑ weniger Hektik und *Streß,* mehr Vorhersehbares im Tagesablauf.

Es ist nicht notwendig, Ihnen als fortschrittlich denkendem/r Rechtsanwalt/ Rechtsanwältin die Vorteile aufzuzeigen, die Wirtschaftsunternehmen aus Ihren Planungen erzielen, denn deren Grundsätze sind mit geringen Abweichungen und Anpassungen auch auf unseren Beruf anwendbar. Wir möchten Sie daher auffordern:

> Werden Sie in Ihrem persönlichen Arbeitsbereich Ihr/e eigene/r Unternehmer/in, und planen Sie den Einsatz Ihrer knappen Zeit für die Erreichung Ihrer Ziele!

> **Zeitplanung bringt Zeitgewinn**

Die allgemeine Erfahrung in der betrieblichen Praxis zeigt, daß man mit mehr Aufwand an Planungszeit weniger Zeit für die Durchführung benötigt und insgesamt Zeit einspart:

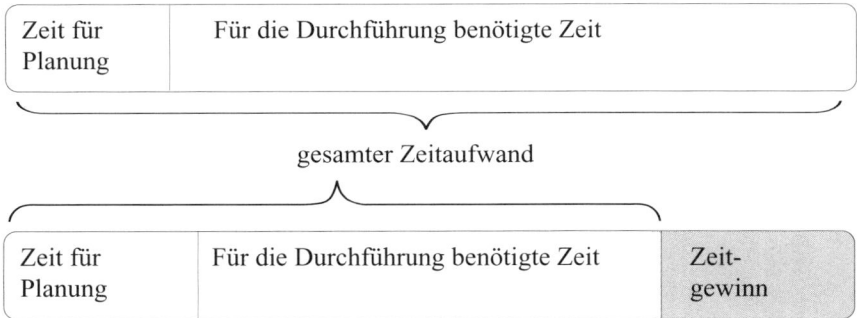

Der Prozeß des Planens kann aber nicht beliebig ausgedehnt werden, sondern hat irgendwann sein Optimum erreicht. Danach tritt Überplanung und damit Zeitverlust ein.

Ein täglicher Zeitgewinn von 30 Minuten durch Zeitplanung ist bereits ein Erfolg!

Als *Faustregel* hat sich bewährt:

> Für die zu planende Zeitperiode (Jahr, Monat, Woche, Tag) ist etwa ein Anteil von 1% für Planungszeit anzusetzen.

Für einen Tagesplan sollten Sie also ca. 5 bis 10 Minuten für die Zeitplanung rechnen.

2.2. Prinzipien und Regeln der Zeitplanung

Machen Sie sich bewußt, daß Sie nur ein begrenztes *Zeitbudget* zur Verfügung haben, um Ihre Aufgaben zu erledigen und Ihre Ziele zu erreichen. Planung ist der Entwurf von Arbeitsabläufen für bestimmte Zeitperioden in der Zukunft: Wir planen nicht nur unsere Ziele, sondern auch unsere laufende arbeitsmäßige Belastung, um im Tagesgeschäft mit der Annahme, Ablehnung oder Verschiebung neuer Verpflichtungen und Anforderungen besser umgehen zu können.

Je besser also Ihre Übersicht über Ihr Zeitbudget und die Summe Ihrer Aufgaben ist, desto größer wird Ihre Bereitschaft, weniger Wichtiges zu delegieren, zu reduzieren oder zu verschieben.

Für die Zeitplanung gelten folgende *Grundregeln*:

1   **60:40 - Regel**

Verplanen Sie nur 60% Ihrer Arbeitszeit, behalten Sie sich 20% für schöpferische Tätigkeiten und Weiterbildung vor, und reservieren Sie weitere 20% als Pufferzeit für Unvorhergesehenes.

Denn nicht selten ergibt sich plötzlich im Laufe eines Tages, daß ein Mandant - z.B. im Bereich des Wettbewerbs- oder Familienrechts - einen Sachverhalt zur Regelung unterbreitet, der es erfordert, eine einstweilige Verfügung zu erwirken.

Gerade systematisch und geordnet solche plötzlichen Aufgaben ohne Hast und Hektik übernehmen zu können ist ein wichtiges, auch die Mandantschaft überzeugendes Qualitätsmerkmal rechtsanwaltlicher Arbeit.

2   **Aufgabensammlung - Aktivitätenplan**

Listen Sie alle für die betreffende Planungsperiode anstehenden Tätigkeiten auf.

Bei freiwerdenden Kapazitäten und bei Aufstellung des nächsten Periodenplans können Sie das Unerledigte aus dieser Liste zugrunde legen.

Voraussetzung für eine gute Zeitplanung ist, daß Sie sich stets einen Überblick über alle anstehenden Aufgaben verschaffen. Unterteilen Sie diese z.B. in lang-, mittel- und kurzfristige Aufgaben. Setzen Sie Prioritäten, und handeln Sie danach.

3   **Regelmäßig - systematisch - konsequent**

Arbeiten Sie regelmäßig und systematisch an Ihren Zeitplänen, und führen Sie eine angefangene Aufgabe konsequent zu Ende.

4   **Realistische Planung**

Verfallen Sie nicht in den Hang zur Überplanung, und planen Sie nur den Aufgabenumfang ein, den Sie realistischerweise auch erledigen können.

5   **Flexibilität**

Seien Sie flexibel, denn Zeitpläne sind nicht dazu da, um ihrer selbst willen eingehalten zu werden, sondern um Ziele zu verwirklichen.

| 6 | **Zeitverluste** |

Versuchen Sie, aufgetretene Zeitverluste möglichst sofort auszugleichen, z.B. einmal abends länger zu arbeiten, als tagelang die verlorene Zeit aufzuholen.

| 7 | **Schriftlichkeit** |

Legen Sie Ihre Zeitpläne auf selbst entwickelten oder in angebotenen Formblättern an. So geht Ihnen nichts verloren, und Sie haben einen ständigen Überblick.

| 8 | **Unerledigtes** |

Übertragen Sie alle unerledigten Aufgaben, die Sie nicht streichen wollen, auf den nächsten Periodenplan. Sie werden dadurch sichtbar gemacht und automatisch in die neuen Planungsüberlegungen mit einbezogen.

| 9 | **Resultate statt Tätigkeiten** |

Legen Sie Resultate bzw. Ziele (Endzustände) fest und keine bloßen Tätigkeiten.

→ Stellen Sie sich immer wieder die Frage:

Welches ist das Ziel dieses Gesprächs, dieser Tätigkeit etc.? Was will ich erreichen?

| 10 | **Zeitvorgaben** |

Machen Sie genaue Zeitvorgaben, und setzen Sie nur die Zeit in Ihrem Plan an, die für die Erledigung der einzelnen Aufgaben wirklich notwendig ist.

Die Erfahrung hat nämlich gezeigt:

Eine Arbeit zieht sich in der Regel so lange hin, wie Zeit zur Verfügung steht.

Wenn Sie z.B. eine Mitarbeiterbesprechung für zwei Stunden ansetzen, dann dauert sie auch so lange, selbst wenn nach einer Stunde das Ziel schon erreicht ist.

44

Erledigungstermine

Legen Sie Endtermine für alle Ihre Tätigkeiten fest. So zwingen Sie sich zur Selbstdisziplin und vermeiden Unentschlossenheiten, Verzögerungen und Aufschub (siehe hierzu die Formblätter „Aktivitäten-Checkliste" bzw. „Projekt-Planung").

Schaffen Sie vage Angaben wie „so bald wie möglich" ab. Sie führen bei Absprachen mit anderen leicht zu Vorwürfen und Konflikten („Sie hatten mir doch versprochen, es so bald wie möglich zu schicken! Jetzt warte ich schon 3 Tage auf die Strafakte!")

Treffen Sie also *konkrete* Vereinbarungen über den Endtermin, und versichern Sie sich der Zustimmung des anderen.

12 **Prioritäten**

Unterscheiden Sie dringende von wichtigen Aufgaben, und lassen Sie sich nicht vom Dringenden tyrannisieren.

Dringende Aufgaben sind meist nicht wichtig, müssen aber kurzfristig erledigt werden. Wichtige Aufgaben sind langfristig für die Zielerreichung bedeutsam; da sie aber nicht dringend sind, besteht die Tendenz, sie vor sich herzuschieben und erst gar nicht anzugehen.

13 **Delegation**

Planen Sie von Anfang an auch ein, welche Tätigkeiten von Ihnen selbst erledigt werden müssen und welche delegiert werden können.

14 **Freie Zeiten**

Planen und nutzen Sie Ihre freie Zeit wie Reise- und Wartezeiten, z.B. für das Diktat von Terminberichten, Aktenstudum oder Lektüre von Fachzeitschriften. Hier hilft Ihnen insbesondere ein Zeitplanbuch, in dem Sie immer alles Wichtige (z.B. Telefonnummern, Adressen, weitere Termine) bei sich haben. Denken Sie dabei aber auch an moderne technische Hilfsmittel, wie Handdiktiergerät, Autotelefon, Handy und Notebook.

15 **Zeitblöcke - Störarme Zeiten (Sperrstunden)**

Reservieren Sie längere, nicht unterbrochene Zeiträume mit vollständiger Abschottung von sämtlichen externen und internen Störungen (Telefon, Besucher, Mitarbeiter) für schwierige Aufgaben (z.B. Klagen, Berufsbegründungen, Vorbereitung von Strafverteidigungen) und kürzere Einheiten für die serienweise Abarbeitung von mehreren kleineren Aufgaben (z.B. Eingangspost, Wiedervorlagen, Telefonate).

16 **Routinetätigkeiten**

Planen Sie die Erledigung Ihrer Routinetätigkeiten ein (z.B. Überwachung der Buchhaltung und der monatlichen EDV-Auswertungen).

17 **Unproduktive Tätigkeiten**

Achten Sie darauf, Ihren Zeitaufwand für unproduktive Arbeiten, wie z.B. Fotokopieren, unwichtige Besprechungen („Tratsch") etc., so niedrig wie möglich zu halten, und beschränken Sie sich hier auf das Wesentliche. Sie sind sonst nicht in der Lage, Ihre Zeit für wichtigere Dinge einzusetzen.

18 **Alternativen**

Versuchen Sie bei Ihrer Planung immer, in Alternativen zu denken - nach dem Gesetz: „Es gibt immer einen anderen, noch besseren Weg."(Iles` Law)

19 **Abwechslung**

Sorgen Sie für Abwechslung in Ihren Aktivitäten, indem Sie Ausgleiche zwischen lang- und kurzfristigen Projekten, Einzelarbeit und Besprechungen schaffen.

20 **Abstimmung der Zeitpläne**

Versuchen Sie, Ihren Arbeitsalltag aktiv zu gestalten und Ihren Plan zu verwirklichen, indem Sie diesen auch mit den Zeitplänen anderer (Sekretärin, Vorgesetzter, Mitarbeiter, Kollegen) abstimmen.

➤ Notieren Sie, oder kreuzen Sie an, welche der 20 Grundregeln Sie in den nächsten Wochen besonders berücksichtigen wollen.

46

2.3 System der Zeitplanung

Die Alltagsarbeit und die laufende Konfrontation mit Problemen kann es leicht mit sich bringen, nur auf alltägliche und spontane Aufgabenstellungen zu reagieren und hierbei mittel- oder langfristige Ziele aus dem Auge zu verlieren, also z.B. Investitionsplanungen, Modernisierungen der Kanzlei oder schließlich auch die systematische Planung für Spezialisierungen und neue Tätigkeitsfelder.

Als Planungszeiträume haben sich für eine Rechtsanwaltskanzlei bewährt:

- Langfristige Ziele   =   3 bis 5 Jahre ➤ Mehrjahrespläne
  (oder mehr)

- Mittelfristige Ziele   =   1 bis 3 Jahre ➤ Jahrespläne

- Kurzfristige Ziele   =   3 Monate bis ➤ Quartalspläne
  1 Jahr

- Laufende Ziele   =   1 Woche bis ➤ Monats- und
  3 Monate   Wochenpläne

Für die systematische Zeitplanung und die Planung der Erledigung von Aufgaben eignet sich das Instrumentarium des *AnwaltPlaners* und die hierin als Vordrucke angebotenen Planungshilfen.

Die wichtigsten Arbeits- und Planungszeiträume für den Anwalt sind das Jahr sowie die Woche. Demgemäß werden als Arbeitshilfen für die Zeitplanung im AnwaltPlaner angeboten

- Jahrespläne sowie
- Wochenpläne.

Die Planungshilfen ermöglichen eine systematische und zielorientierte Organisations- und Arbeitsplanung.

Wochenplan und Tagesplan

Der Wochenplan ermöglicht eine detaillierte, genaue Vorausschau der entsprechenden Zeitperiode. Stellen Sie alle Aufgaben und Tätigkeiten hinsichtlich Umfang und Zeit für die betreffende Woche zusammen.

Leitfragen für die wöchentliche Aufgabenplanung

❑ Worauf muß ich mich in dieser Woche hauptsächlich konzentrieren (Schwerpunktaufgabe)?

- Welches ist die größte zeitaufwendigste Wochenaufgabe?

- Welche weiteren Arbeiten muß ich in dieser Woche unbedingt erledigen, fertigstellen oder in Angriff nehmen (Mußaufgaben)?

- Was muß ich alles an Routinearbeiten (Schreibkram, Telefonate, Gespräche etc.) erledigen?

- Welche schwebenden Arbeiten sollten in Angriff genommen werden (Kannaufgaben)?

- Was wäre noch zweckmäßig, wünschenswert oder angebracht?

- Welche unvorhergesehenen Ereignisse können eingeplant werden?

Der Tagesplan leitet sich aus dem Wochenplan ab und legt im ersten Schritt fest, welche Aufgaben und Aktivitäten an dem betreffenden Arbeitstag durchgeführt werden sollen, wobei zu den vorhergesehenen, geplanten Aufgaben auch neue, ungeplante Aufgaben hinzukommen.

Der *Tagesplan* - integriert in den Wochenplan - stellt die letzte und zugleich wichtigste Stufe der Zeitplanung und die konkrete Umsetzung (= Realisierung) der gesetzten *Ziele* dar! Auf der nachfolgenden Seite ist ein Muster des Wochenplanes dargestellt.

Mo 27. Mai (22. KW, 148. Tag)

- 09:15 Fr. Meier B
- 11:00 Kollegen B
- 16:00 Sprechstunde Weiß./.Schulte Huber./.Müller Kaiser./.Bach Schmidt./.dto.

Wichtig: Info Spracherkennung

Di 28. Mai (22. KW, 149. Tag)

- 09:00 Gerichtstermine (s. Terminplan) bis 12:00
- 16:00 Sprechstunde König./.Walter Schröder./.dto. Cremer Straße. Schneider./.dto.

Wichtig: Zusammenstellen Seminarunterlagen

Mi 29. Mai (22. KW, 150. Tag)

- 09:30 Verhandlung Schadensache Huber mit Allianz bis 11:00
- 12:00 Mitarbeiter-schulung
- 19:00 Anwaltverein

Wichtig:

Do 30. Mai (22. KW, 151. Tag)

- 09:00 Gerichtstermine (s. Terminplan) 9:00 - 11:00
- 11:30 Dresen./.dto.
- 12:00 Verhandlung mit Gegenseite
- 16:00 Sprechstunde Braun./.Aydin Scholler./.dto. Brandt Straße. Reuter Beratung
- 18:30 Vortrag ADAC-Club

Wichtig: Personalanzeige konzipieren

Fr 31. Mai (22. KW, 152. Tag)

- 12:00 Essen mit G'F Schilter
- 16:15 Abflug Seminar München

Wichtig:

Sa 1. Juni (22. KW, 153. Tag)

- 11:00 Seminar München

So 2. Juni (22. KW, 154. Tag)

- 10:00 Tennis

Aktivitäten

27.5. Mo	Angebot Soldan GmbH	
28.5. Di		
29.5. Mi	Mitarbeiterschulung	
30.5. Do	Vorbereitung Praxis-renovierung	
31.5. Fr	Vorbereiten Zeitungsbeitrag	
1.6. Sa		
2.6. So		

Kontakte / Marketing

27.5. Mo	ADAC-Club	
28.5. Di		
29.5. Mi	A+M	
30.5. Do		
31.5. Fr		
1.6. Sa		
2.6. So		

Privat

27.5. Mo	Elternsprechtag	
28.5. Di		
29.5. Mi	Rotary	
30.5. Do		
31.5. Fr	Stammtisch	
1.6. Sa		
2.6. So		

Delegation

Aufgabe/Ziel	Name	am	bis
Optimierung Statistik, Mandanten-/Mandats-statistik	Peil	27.5.	10.6.96 ✓
Neuorganisation Bücherei, Einteilung Literaturbereiche	Frank	28.5.	28.6.96
Optimierung Mitarbeiter Plan für Stellenbildung Aufgabenspiegel Mitarbeiter	Christ	28.5.	2.6.96

49

2.4 Zeitplanung mit der ALPEN-Methode

Die folgende ALPEN-Methode ist relativ einfach und erfordert nur durchschnittlich 8 Minuten tägliche Planungszeit:

(1) *A*ufgaben zusammenstellen

(2) *L*änge der Tätigkeiten schätzen

(3) *P*ufferzeit für Unvorhergesehenes reservieren (60:40 Regel)

(4) *E*ntscheidungen über Prioritäten, Kürzungen und Delegation treffen

(5) *N*achkontrolle - Unerledigtes übertragen

1. Stufe: Aufgaben zusammenstellen

➤ Notieren Sie im Wochenplan, was Sie am nächsten Tag alles erledigen wollen bzw. müssen:

- vorgesehene Aufgaben aus der Aktivitäten-Checkliste bzw. dem Wochen- oder Monatsplan,

- Unerledigtes vom Vortage,

- neu hinzukommende Tagesarbeiten,

- Termine, die wahrzunehmen sind,

- periodisch wiederkehrende Aufgaben.

➤ Verwenden Sie Abkürzungssymbole entsprechend der Art der einzelnen Vorgänge:

Buchstaben Abkürzungen:

A	für	Ausbildung (Referendare u.a. Mitarbeiter)
B	für	Besprechung (Mandant, Mitarbeiter)
D	für	Delegation
E	für	Eingangspost
F	für	Frist
G	für	Gerichtstermin
K	für	Kontrollen (delegierte Vorgänge, Rechnungsausgang)
L	für	Lesevorgänge (Zeitschriften, Werbung u.a.)
P	für	Post-Unterschrift
R	für	Reisen
S	für	Schriftsätze u.a. nicht fristgebundene Diktate
T	für	Telefonate
W	für	Wiedervorlage

Büroglyphen:

⚡	Dringend
!	Wichtig
?	Klären
! ⚡	A-Prioritäten
∙	Aufgabe erledigt
∙∙	Aufgabe besonders gut erledigt
○	Aufgabe auf später übertragen
x	undurchführbare Aufgabe bzw. hat sich von selbst erledigt

Mit etwas Übung können Sie bereits *Blöcke bilden* für gleichartige Tätigkeiten (z.B. Telefonate) und zwischen arbeitsintensiven und „Kurzarbeiten" unterscheiden.

Dies ist jedoch nur der Anfang Ihres Tagesplanes!

> Ein realistischer Tagesplan muß immer auf das reduziert werden, was Sie tatsächlich auch bewältigen können (2. bis 4. Stufe).

2. Stufe: Länge der Tätigkeiten schätzen

➤ Notieren Sie nun hinter jeder Aufgabe den Zeitbedarf, den Sie ungefähr für deren Erledigung veranschlagen müssen, und ermitteln Sie durch Summation die geschätzte Gesamtzeit.

Möglicherweise werden Sie einwenden, daß sich die Länge der einzelnen Tätigkeiten nicht genau schätzen läßt. Das ist richtig. Sie können jedoch nach einiger Übung Erfahrungswerte angeben, die als Grundlage für Ihre Zeitplanung anwendbar sind. Auch Ihre Kanzlei ist bei ihren Aktivitäten auf komplizierte Schätzungen über zukünftige Mandatseingänge, Mitarbeiterentwicklungen, Umsätze und Kosten angewiesen.

➤ Bei einer konkreten Vorgabezeit für Ihre Aufgaben zwingen Sie sich selbst dazu, diese auch einzuhalten.

➤ Sie arbeiten erheblich konzentrierter und unterbinden Störungen konsequenter, wenn Sie sich für eine bestimmte Aufgabe auch eine bestimmte Zeit vorgenommen (= vorgegeben) haben.

51

➤ Legen Sie bei Ihrer Tagesplanung die Grundregel der Zeitplanung zugrunde, wonach nicht mehr als ca. 60% Ihrer Zeit verplant und ca. 40% als Pufferzeit für unerwartete und spontane Eventualitäten reserviert bleiben sollten!

Wenn Sie zunächst von einem 10-Stunden-Tag ausgehen, heißt das, daß Sie in Ihrem eigenen Interesse nicht mehr als 6 Stunden verplanen dürfen.

➤ Ziel sollte jedoch der 8-Stunden-Tag mit ca. 5 Stunden verplanter Zeit sein!

Haben Sie mehr als 60% Ihrer verfügbaren Arbeitszeit verplant, müssen Sie Ihren Aufgabenkatalog rigoros auf dieses Maß zusammenstreichen! Der Rest muß verschoben, gestrichen oder in Überstunden abgearbeitet werden.

4. Stufe: Entscheidungen über Prioritäten, Kürzungen und Delegation treffen

Ziel: Zeitbedarf der Tagesaufgaben auf 5 bzw. 6 Stunden reduzieren

➤ Setzen Sie eindeutige Prioritäten, und bringen Sie Ihre Tagesaufgaben in eine Rangordnung!

➤ Überprüfen Sie den veranschlagten Zeitbedarf, und kürzen Sie die Zeiten aller Vorgänge auf das unbedingt Notwendige; versuchen Sie aber dabei, realistisch zu bleiben!

➤ Loten Sie jede Tätigkeit nach Delegations- und Rationalisierungsmöglichkeiten aus!

5. Stufe: Nachkontrolle - Unerledigtes übertragen

Wenn Sie eine Aktivität mehrfach übertragen haben, wird sie Ihnen lästig, und es gibt zwei Möglichkeiten:

❑ Sie werden diese Aufgabe endlich anpacken - womit sie nunmehr erledigt ist.

❑ Sie werden sie streichen, weil die Sache sich von selbst erledigt hat.

20 Vorteile der ALPEN-Methode

- Bessere Einstimmung auf den nächsten Arbeitstag
- Planung des bevorstehenden Tages
- Überblick und Klarheit über die Tagesanforderungen
- Ordnung Ihres Tagesablaufs
- Ausschaltung von Vergeßlichkeit

- Konzentration auf das Wesentliche
- Reduzierung von Verzettelung
- Erreichung der Tagesziele
- Unterscheidung zwischen wichtigen und weniger wichtigen Vorgängen
- Entscheidung über Prioritätensetzung und Delegation

- Rationalisierung durch Aufgabenbündelung
- Abbau und Handhabung von Störungen und Unterbrechungen
- Selbstdisziplin in der Aufgabenerledigung
- Abbau von Streß und Nervenverschleiß
- Gelassenheit bei unvorhergesehenen Ereignissen

- Verbesserung der Selbstkontrolle
- Positives Erfolgserlebnis am Tagesende
- Erhöhung von Zufriedenheit und Motivation
- Steigerung der persönlichen Leistungsfähigkeit
- und **vor allem**: Zeitgewinn durch methodisches Arbeiten

➤ Bei erfolgreicher Anwendung von Zeitplantechniken und Arbeitsmethoden können Sie zwischen 10 und 20 % Zeit einsparen - jeden Tag!

> Versuchen Sie, jeden Tag 1 Stunde Zeit zu gewinnen: „Die goldene Stunde"!

➤ Versuchen Sie, einen Monat nach der ALPEN-Methode Ihren Arbeitstag zu planen und zu gestalten. Dies erfordert einige Selbstdisziplin, aber Sie werden schnell die großen Vorteile einer täglichen Zeitplanung erfahren.

➤ Planen Sie vor Arbeitsbeginn, und zwar am Abend des abgeschlossenen Tages für den nächsten Tag: Sie fahren mit größerer Sicherheit und Entspannung nach Hause und beginnen mit größerer Konzentration am nächsten Morgen Ihren neuen Tag!

Denn Ihr Unterbewußtsein arbeitet nun an den gestellten Aufgaben und hält mögliche Lösungen bereit.

2.5 Management by AnwaltPlaner

Ohne ein Planungsinstrumentarium funktioniert Zeitplanung nicht. Unerläßliches Hilfsmittel für systematische Zeitplanung ist ein Zeitplanbuch, speziell für Rechtsanwälte angeboten in Form des AnwaltPlaners.

Anwälte haben sich bisher bei der Aufgabenerledigung und der Wahrnehmung von Terminen und Fristen an dem Kanzleiterminkalender sowie dem persönlichen *Termin-Notizbuch* orientiert.

Im *Kanzleiterminkalender* werden wahrzunehmende Termine und zu erledigende Fristen sowie Besprechungstermine eingetragen. Die Orientierung, speziell über persönliche Termine, erfolgt im persönlichen Termin-Notizbuch.

In beiden Systemen ist jedoch die wichtigste Unterstützung für systematische Zeitplanung nicht vorgesehen, nämlich die Planung von Aufgabenerledigungen. Dies gilt sowohl für kurzfristige als auch für mittelfristige oder langfristige Aufgabenstellungen und ihre Planung. So bietet der Kanzleiterminkalender keine Möglichkeit, z.B. Planungen von Investitionen, Mitarbeitereinsatz, neue Projekte oder neue Tätigkeitsfelder vorzunehmen.

Der **AnwaltPlaner** hingegen ist mehr als ein Termin- und Fristenkalender, weil er nicht nur die Fixierung vorgegebener Termine und Fristen ermöglicht, sondern auch die systematische Planung verschiedener Aktivitäten zu einzelnen Bereichen, z.B. Organisation, Mitarbeiter oder Marketing.

Der AnwaltPlaner ist in drei Teile gegliedert: Kalendarium, Organisation sowie Information.

Der *entscheidende Fortschritt und Vorteil des AnwaltPlaners* gegenüber dem traditionellen Termin- und Fristenkalender besteht darin, daß der Organisationsteil die für eine systematische sowie zielorientierte Arbeit notwendige Planungsunterlage bietet, und zwar zu den - für den Anwalt auch als Unternehmer - wichtigsten Themen, wie Organisation, Mitarbeiter und deren Einsatz, Materialeinkauf sowie Planung und Statistik einschließlich der hierzu notwendigen Steuerungsinstrumente.

Wichtig für die Benutzung ist die Planung von Aktivitäten und Problemlösungen, orientiert am Organisationsteil, und die - kontrollierte und planmäßige - Umsetzung innerhalb der vorgesehenen Zeitperiode, orientiert am Kalendarium.

Durch eine verbundene Nutzung zwischen Kalendarium, Organisationsteil und Informationsteil stellt sich der AnwaltPlaner als eine den Benutzer selbstführende, verbundene und „ergonomische" Arbeitshilfe dar.

Das wichtigste für die Nutzung des AnwaltPlaners aber ist die subjektive Einstellung, die eigene Arbeit durch dessen konsequente Nutzung zu optimieren.

2.6 Zusammenfassung

❏ Planung im Sinne des *Selbstmanagement*-Kreises bedeutet Vorbereitung zur Verwirklichung von Zielen.

❏ Durch einen Mehraufwand an Planung können Sie die für die Durchführung benötigte Zeit reduzieren und insgesamt Zeit einsparen (Planung = *Zeitgewinn*).

❏ Die *Vorteile* der Planung am persönlichen Zeit- und Selbstmanagement liegen in den Bereichen Zielerreichung, Zeitgewinn, Überblick, Prioritäten, Termine, Zeitreserven, Effizienz, Delegation und Streßabbau.

❏ Die wichtigsten *Prinzipien und Regeln* der Zeitplanung sind:

1	Grundregel (60:40-Regel)	11	Erledigungstermine
2	Aufgabensammlung - Aktivitätenplan	12	Prioritäten
3	Regelmäßig - systematisch - konsequent	13	Delegation
4	Realistische Planung	14	Freie Zeiten
5	Flexibilität	15	Zeitblöcke - Störarme Zeiten (Sperrstunden)
6	Zeitverluste		
7	Schriftlichkeit	16	Routinetätigkeiten
8	Unerledigtes	17	Unproduktive Tätigkeiten
9	Resultate statt Tätigkeiten	18	Alternativen
10	Zeitvorgaben	19	Abwechslung
		20	Abstimmung der Zeitpläne

❑ Nach dem Jahres-, Monats- und Wochenplan stellt der Tagesplan die letzte und wichtigste Stufe der Zeitplanung und die konkrete Umsetzung (= Realisierung) der gesetzten Ziele dar.

❑ Planung erfordert ein schrittweises und systematisches Vorgehen, ein Zerlegen der Gesamtaufgabe in Teilaufgaben, um die verschiedenen Aktivitäten auf einzelne Zeitabschnitte verteilen zu können (vom *Aktionsplan* zum *Zeitplan*).

❑ Die Anwendung der *ALPEN-Methode* bringt Ihnen bei minimalem Aufwand täglich ein Vielfaches an Zeitgewinn:

1	*A*ufgaben zusammenstellen
2	*L*änge der Tätigkeiten schätzen
3	*P*ufferzeit reservieren (60:40-Regel)
4	*E*ntscheidungen über Prioritäten, Kürzungen u. Delegation treffen
5	*N*achkontrolle und Übertrag

❑ Das Zeitplanbuch bzw. der AnwaltPlaner ist das wichtigste und effektivste Arbeitsmittel eines persönlichen Selbstmanagements. Es ist Terminkalender, Tagebuch, Notizbuch, Planungsinstrument, Erinnerungshilfe, Adressenregister, Nachschlagewerk, Ideenkartei und Kontrollwerkzeug zugleich.

Auch ein vielbeschäftigter Rechtsanwalt hat die Freiheit, seine spezielle Zielsetzung und Planung den jeweiligen (Arbeits- und Lebens-) Umständen entsprechend so abzuändern, daß sie wieder dem Lebens- und Karriereplan dienen können. Probieren Sie es! Bleiben Sie wach, aktiv und flexibel, damit Sie auf jede Art von Einflüssen, z.B. Störungen Ihrer Arbeit, richtig reagieren können. Ein fundierter Plan verhilft zu Gelassenheit.

3. Entscheiden Sie, wofür Sie Ihre Zeit verwenden wollen

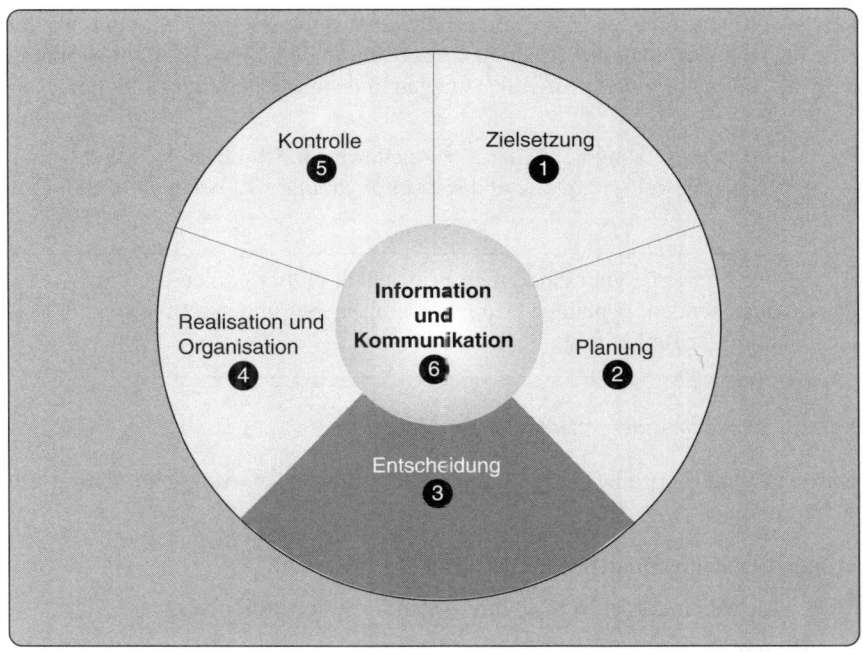

„Effizienz heißt, die Dinge richtig tun;
Effektivität heißt, die richtigen Dinge tun."
(nach Peter Drucker)

3.1 Notwendigkeit der Entscheidung

Eines der Hauptprobleme vieler ist der Versuch, *zuviel auf einmal* zu tun, und die Gefahr, sich in den einzelnen Aufgaben oder Mandaten zu *verzetteln*. Am Ende eines harten Arbeitstages steht dann meist die Erkenntnis, daß man zwar viel gearbeitet hat, *wichtige Dinge* aber oft *liegen geblieben* oder nicht fertiggestellt worden sind.

Erfolgreiche Menschen zeichnen sich u.a. dadurch aus, daß sie sowohl vieles als auch ganz Verschiedenes erledigen, indem sie sich während einer bestimmten Zeit jeweils *nur einer einzigen Aufgabe* widmen. Sie erledigen also immer nur eine Sache auf einmal, diese jedoch konsequent und zielbewußt. Voraussetzung dafür ist, *eindeutige Prioritäten* festzulegen und sich auch daran zu halten.

> Prioritätensetzung heißt, darüber zu entscheiden, welche Aufgaben erstrangig, zweitrangig etc. und welche nachrangig zu behandeln sind.

> Setzen Sie bewußt eindeutige Prioritäten, und erledigen Sie die anstehenden, geplanten Aufgaben konsequent und systematisch in dieser Reihenfolge !

Vorteile der Prioritätensetzung

Durch Aufstellung einer persönlichen Rangreihe Ihrer Aufgaben stellen Sie sicher, daß Sie

❑ nur an wichtigen oder notwendigen Aufgaben arbeiten,

❑ die Aufgaben ggf. auch nach ihrer Dringlichkeit bearbeiten,

❑ sich jeweils nur auf eine Aufgabe konzentrieren,

❑ die Aufgaben in der festgelegten Zeit zielorientiert in Angriff nehmen und besser erledigen,

❑ die gesetzten Ziele unter den gegebenen Umständen jeweils noch am besten erreichen,

❑ alle Aufgaben ausschalten, die von anderen durchgeführt werden können,

❑ am Ende der Planungsperiode (z.B. eines Arbeitstages) zumindest die wichtigsten Dinge erledigt haben,

❑ die Aufgaben, an denen Sie und Ihre persönliche Leistungsfähigkeit gemessen werden, nicht unerledigt liegenlassen.

Die positiven Auswirkungen

❑ Termine werden eingehalten.

❑ Arbeitsablauf und Arbeitsergebnisse werden befriedigender.

❑ Mitarbeiter, Kollegen und Vorgesetzte werden zufriedener.

❑ Konflikte werden vermieden.

❑ Sie selbst werden zufriedener und vermeiden unnötigen Streß.

In den folgenden Abschnitten werden verschiedene Kriterien und Methoden vorgestellt, nach denen Sie eine Rangfolge Ihrer wichtigsten Aufgaben erstellen können.

3.2 Das Pareto-Prinzip (80:20-Regel)

Das Pareto-Prinzip, das auf den italienischen Volkswirtschaftler Alfredo Pareto zurückgeht, besagt:

Mit 20 Prozent der eingebrachten Leistung werden 80 Prozent des Ergebnisses erzielt - und umgekehrt.

Beispiele:

● 20% der Produktionsfehler verursachen 80% des Ausschusses.

● 20% der Zeitung enthalten 80% der Nachrichten.

● 20% der Besprechungszeit bewirken 80% der Beschlüsse.

● 20% der Schreibtischarbeit ermöglicht 80% des Arbeitserfolges.

● 20% der Kunden oder Waren bringen 80% des Umsatzes.

● 20% der Mandate erbringen 80% der Honorare.

Übertragen auf Zeitmanagement bedeutet dies:

➤ Mit 20% der verwendeten Zeit lassen sich bereits 80% der Ergebnisse erzielen.

➤ Die restlichen 80% der aufgewandten Zeit erbringen nur noch 20% der Gesamtleistung.

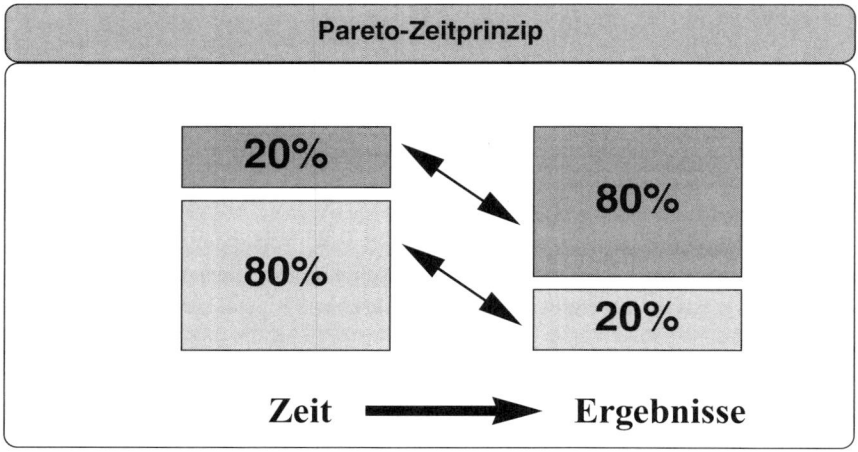

Pareto-Zeitprinzip

20%

80%

Zeit ➡ Ergebnisse

80%

20%

Entsprechend der *80:20-Regel* sollten Sie genau überlegen, welche Aufgaben (und Mandate) Sie im Hinblick auf Ihre beruflichen Ziele übernehmen wollen und welche nur Zeit kosten, Sie aber nicht weiterbringen.

3.3 Prioritätensetzung durch ABC-Analyse

Mit Hilfe der ABC-Analyse können Sie Aufgaben nach ihrer Bedeutung gewichten.

Der ABC-Analyse liegt folgende Erkenntnis zugrunde:

❏ Die *wichtigsten Aufgaben (A-Aufgaben)* machen etwa 15% der Menge aller Tätigkeiten aus, mit denen sich eine Führungskraft befaßt. Der eigentliche Wert (im Sinne eines Beitrags zur Zielerreichung) dieser Aufgaben liegt jedoch bei 65%.

❏ Durchschnittlich *wichtige Aufgaben (B-Aufgaben)* machen etwa 20% an der Menge und auch 20% am Wert der Aufgaben und Tätigkeiten einer Führungskraft aus.

❏ Weniger *wichtige* oder *unwichtige Aufgaben (C-Aufgaben)* machen hingegen 65% an der Menge aller Aufgaben aus, haben aber nur den geringen Anteil von 15% am Wert aller Aufgaben, die ein Anwalt zu erfüllen hat.

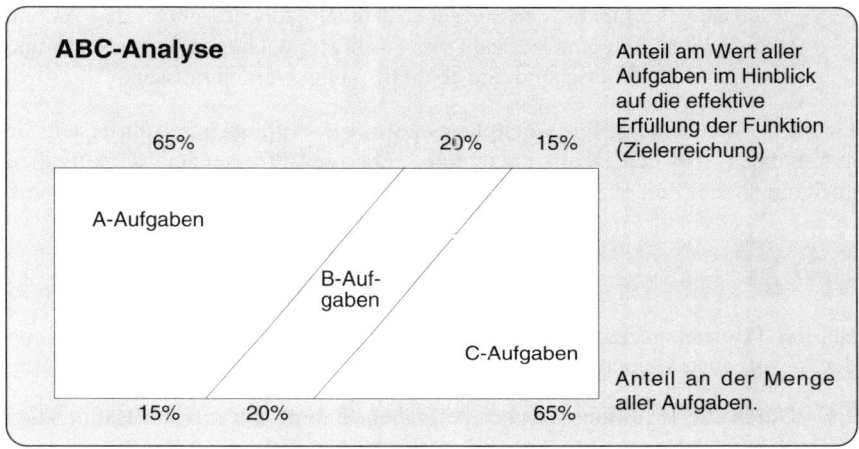

ABC-Analyse

Anteil am Wert aller Aufgaben im Hinblick auf die effektive Erfüllung der Funktion (Zielerreichung)

65% 20% 15%

A-Aufgaben

B-Auf-gaben

C-Aufgaben

Anteil an der Menge aller Aufgaben.

15% 20% 65%

Vorgehensweise bei der ABC-Analyse

➤ Bewerten Sie Ihre Aufgaben nach dem ABC-Raster:

[A] Die ersten 15% aller Aufgaben sind A-Aufgaben (sehr wichtig, von größtem Wert für die Erfüllung der Funktion), nicht delegierbar. Dies sind beim Anwalt z.B. an diesem oder am nächsten Tag ablaufende Fristen, Mandate mit sehr hohem Streitwert und/oder interessantem Umsatz-Zeitaufwandsverhältnis, darüber hinaus Mandate für wichtige Auftraggeber, etwa mit hohem Multiplikationswert.

[B] Die nächsten 20% aller Aufgaben sind B-Aufgaben (wichtig, bedeutsam, delegierbar). Denken Sie in diesem Zusammenhang an alle Tätigkeiten, die ein tüchtiger Referendar übernehmen, zumindest aber entwerfen kann; auch die regelmäßige Abrechnung zur Erzielung des geplanten Rechnungsausganges gehört hierzu.

[C] Die restlichen 65% aller Aufgaben sind C-Aufgaben (weniger wichtig, unbedeutend, auf jeden Fall delegierbar). Dies sind sicher die meisten Unfallmandate und Einziehungen, viele Bußgeldsachen und durch Textbausteine vorbereitete einfache Klagen, z.B. Urkundsklagen und viele Mietsachen.

➤ Überprüfen Sie - ausgehend von den A-Aufgaben - Ihren *Zeitplan* (geschätzter Zeitbedarf) danach, ob die angesetzten Zeitbudgets auch der Bedeutung der Aufgaben entsprechen. Nehmen Sie ggf. Korrekturen vor.

➤ Überprüfen Sie die B- und C-Aufgaben auf Delegationsmöglichkeiten. Beachten Sie jedoch auch, daß es sich bei den *C-Aufgaben nicht* um

61

grundsätzlich entbehrliche Aufgaben handelt, sondern neben den A- und B-Aufgaben auch eine Vielzahl von (weniger) wichtigen Vor-, Nach- und Routinearbeiten nötig sind, die ebenfalls getan werden müssen.

Durch die Ausrichtung Ihres Zeitplanes auf die A-Aufgaben gewährleisten Sie automatisch, daß den weniger wichtigen, aber zeit-"fressenden" C-Aufgaben auch nur so viel Zeit eingeräumt werden kann, wie es ihrer Bedeutung zukommt.

Entscheidungskriterien für A-Aufgaben

Bei der Prioritätensetzung im Rahmen der Aufgabenplanung und Festlegung der A-Aufgaben können folgende Fragen den Entscheidungsprozeß erleichtern:

- Durch die Erfüllung welcher Aufgaben komme ich meinen Hauptzielen (Jahres-, Monats-, Wochen- oder Tagesziel) am ehesten näher?
- Kann ich durch die Erfüllung einer einzelnen Aufgabe gleich mehrere andere erledigen?
- Durch die Erfüllung welcher Aufgabe kann ich einen maximalen Beitrag zur Erreichung der Gesamtziele der Kanzlei, Abteilung, Arbeitsgruppe etc. leisten?
- Durch die Erfüllung welcher Aufgabe habe ich (lang- oder kurzfristig) den größten Nutzen, werde ich am meisten belohnt, erhalte ich die höchste Anerkennung?
- Bei welcher Aufgabe habe ich im Falle der Nichterfüllung mit den negativsten Folgen (Ärger, Tadel, Störungen etc.) zu rechnen?

3.4 Das Eisenhower-Prinzip

Ein einfaches praktisches Hilfsmittel zur Unterscheidung zwischen dringenden und wichtigen Aufgaben bildet das auf Dwight D. Eisenhower zurückgehende folgende Prinzip:

Je nach Höhe der Dringlichkeit bzw. Wichtigkeit einer Aufgabe lassen sich vier Möglichkeiten der Bewertung und (anschließenden) Erledigung von Aufgaben unterscheiden:

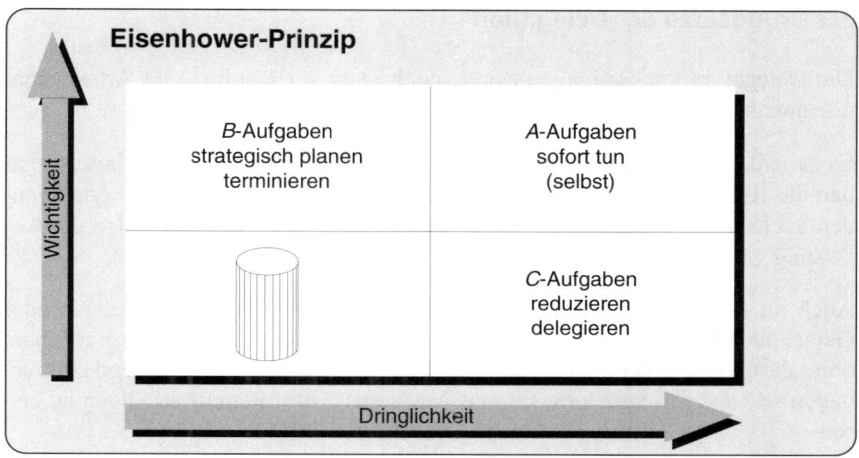

Eisenhower-Prinzip

Wichtigkeit ↑

B-Aufgaben
strategisch planen
terminieren

A-Aufgaben
sofort tun
(selbst)

C-Aufgaben
reduzieren
delegieren

Dringlichkeit →

○ Aufgaben, die sowohl dringend als auch wichtig sind, müssen Sie selbst erledigen und sofort in Angriff nehmen *(A-Aufgaben)*.

○ Bei Aufgaben, die zwar dringend, aber weniger wichtig sind *(B-Aufgaben)*, besteht die Gefahr, sich von der „Tyrannei des Dringenden" verschlingen zu lassen und sich ihnen selbst zu widmen. Sie sollten aber auf jeden Fall delegiert werden, da ihre Bewältigung keine besonderen Ansprüche stellt.

○ Aufgaben die keine hohe Wichtigkeit haben, aber dringend sind, sollten nachrangig erledigt werden *(C-Aufgaben)*.

Anregung: Versuchen Sie, Aufgaben dieser Art ganz oder teilweise an Ihre Mitarbeiter zu *delegieren*. Neben dem Vorteil der persönlichen Arbeitsentlastung können Sie damit Ihre Mitarbeiter durch anspruchsvollere Aufgaben motivieren und weiterqualifizieren (mehr zum Thema *„Delegation"* im nächsten Abschnitt).

○ Von Aufgaben, die sowohl von geringer Dringlichkeit als auch geringer Wichtigkeit sind, sollten Sie unbedingt Abstand nehmen.

Wenn Sie erst einmal angefangen haben, sich mit der Erledigung dieser Arbeiten zu befassen, und darüber die A-Aufgaben vernachlässigen, brauchen Sie sich über Arbeitsüberlastung nicht zu wundern. Selbst Ihre Mitarbeiter sollten Sie mit Aufgaben dieser Art nicht in Anspruch nehmen.

Haben Sie ein wenig Mut zum Risiko, und entscheiden Sie sich in diesem Fall für den *Papierkorb* (Ablage „P")!

3.5 Grundsätze der Delegation

Die Delegation von Aufgaben gehört noch nicht zur Routine und Arbeitstechnik anwaltlicher Tätigkeit.

Es ist leider gängige Praxis, daß Anwälte selbst neben organisatorischen Aufgaben die Routinesachbearbeitung bei gleichgelagerten und einfach zu erledigenden Sachverhalten übernehmen, z.B. bei verkehrsrechtlichen Mandaten die Abfassung von Anspruchsschreiben oder Schadensspezifikationen.

Auch im Bereich der Vorbereitung von Schriftsätzen, Vertragsentwürfen oder Gutachten gilt erfahrungsgemäß immer noch das Prinzip, alles selbst zu machen, ohne durch einen Referendar oder sonstige Unterstützung zeitraubende Vorarbeiten wie das Zusammentragen und Auswerten von Literatur erledigen zu lassen.

Eine richtig verstandene und angewandte Delegation von Aufgaben ist aber auch für den Anwalt unerläßlich, weil sie Arbeitsentlastung und Freiraum für andere und wichtige Aufgaben bringt.

Unter *Delegation* versteht man im allgemeinen die Übertragung von Aufgaben oder Tätigkeiten aus dem Funktionsbereich einer Führungskraft auf einen Mitarbeiter. Gleichzeitig mit der Arbeitsaufgabe sollten die für die Aufgabenerfüllung notwendigen Kompetenzen und die Verantwortung im fachlichen Bereich *(Handlungsverantwortung)* delegiert werden. Der Vorgesetzte behält und trägt die Verantwortung für sein Führungsverhalten *(Führungsverantwortung)*; diese ist nicht delegierbar.

> Delegation ist die Schlüsseltätigkeit jedes Arbeitstechnikers und jeder Führungskraft. Ihr direkter und indirekter Nutzen ist beträchtlich.

Vorteile der Delegation

Welchen Argumenten zum Nutzen der Delegation stimmen Sie zu?
Bitte kreuzen Sie an:

❑ Delegation hilft dem Anwalt oder der Anwältin, sich zu entlasten und Zeit für wichtige Aufgaben (z.B. für die eigentliche Führungsfunktion) zu gewinnen.

❑ Delegation hilft, die Fachkenntnisse und Erfahrungen der betreffenden Mitarbeiter zu nutzen.

64

❑ Delegation hilft, die Fähigkeit, Initiative, Selbständigkeit und Kompetenz der Mitarbeiter zu fördern und zu entwickeln.

❑ Delegation wirkt sich oft positiv auf die Leistungsmotivation und Arbeitszufriedenheit der Mitarbeiter aus.

Haben Sie mehrere oder gar alle Punkte angekreuzt?

Dann werden Sie auch unserer These zustimmen:

> Delegation ist für Führungskraft *und* Mitarbeiter gleichermaßen von Vorteil.

Eine erfolgreiche Delegation setzt zwei Dinge voraus:

❑ die Bereitschaft zu delegieren (das Wollen) und

❑ die Fähigkeit zu delegieren (das Können).

Widerstände gegen Delegieren

Nur wenige Führungskräfte, insbesondere Rechtsanwälte, die dies im Rahmen ihrer Ausbildung meist nicht lernen, sind in der Lage, vollendet zu delegieren. Viele praktizieren die Delegation mit Widerwillen oder in unzureichendem Maße.

➤ Es ist nicht notwendig, ein Delegationsperfektionist zu werden, doch prüfen Sie, an welchen Stellen Sie Ihren bisherigen Delegationsstil (noch) verbessern können!

In der folgenden Liste finden Sie einige innere und äußere Gründe und Widerstände gegen Delegation. Überlegen Sie und prüfen Sie, welche vielleicht auf *Ihre Situation* zutreffen:

❑ Sie werden von Ihrer Arbeitssituation (Besucher, Telefon, Besprechungen, Termine etc.) so in Anspruch genommen, daß keine Zeit für die Erklärung und Kontrolle delegierbarer Aufgaben vorhanden ist.

❑ Sie wissen vielleicht selbst nicht genug über die Aufgabe und ihre Probleme, so daß Ihnen auch unklar ist, was genau Sie an Ihre Mitarbeiter delegieren müssen.

❑ Sie verzichten auf Delegation, da Sie glauben, die Arbeit selber schneller als Ihre Mitarbeiter zu erledigen, und somit kurzfristig Zeit einsparen.

❏ Sie befürchten Konflikte mit Ihrem Vorgesetzten, weil Sie eine an Sie übertragene Aufgabe weiterdelegiert haben.

❏ Sie hängen an einer bestimmten Aufgabe oder Tätigkeit besonders, z.B. weil sie Ihnen Spaß macht o.ä.

❏ Sie befürchten, die Mitarbeiter könnten eine Aufgabe besser lösen als Sie selbst (Konkurrenz!).

❏ Sie befürchten, daß Sie die Kontrolle über die Arbeit verlieren, sobald Sie sie aus den Händen geben.

❏ Sie mißtrauen dem Können und der Leistungsbereitschaft der Mitarbeiter und wollen kein Risiko eingehen.

❏ Sie befürchten, etwas von Ihrer Autorität und Ihrem Image zu verlieren, wenn bisherige, von Ihnen wahrgenommene Aufgaben jetzt von Ihren Mitarbeitern übernommen werden.

❏ Sie wissen nicht, wie Sie reagieren sollen, wenn ein Mitarbeiter die Delegation ablehnt.

Wie können Sie Ihre *persönlichen* Widerstände überwinden? Ideen, Maßnahmen, Strategien etc. (Stichworte):

❏ _____

❏ _____

❏ _____

❏ _____

Auch bei *Mitarbeitern* können *Widerstände gegen Delegation* auftreten, z.B. aus Angst vor Kritik oder mangelndem Selbstvertrauen in die eigenen Fähigkeiten.

Wenn Sie das Gefühl haben, bei Ihrem Mitarbeiter auf Widerstände gegen Aufgabendelegation zu stoßen, sprechen Sie dies offen an, und führen Sie ein *Mitarbeitergespräch*!

Versuchen Sie, die Ursachen herauszufinden und gemeinsame Lösungsmöglichkeiten (z.B. Fördermaßnahmen, Unterstützung des Vorgesetzten etc.) zu entwickeln.

Bedenken Sie auch, daß die Ursachen in *Ihrem* Delegationsstil liegen können.

Für Sie als *Vorgesetzten* ergeben sich aus der Delegation eine Reihe von *Führungspflichten*:

❑ die geeigneten Mitarbeiter auswählen (richtige Stellenbesetzung),

❑ die Verantwortungsbereiche abgrenzen und überwachen,

❑ die delegierten Aufgaben koordinieren,

❑ die Mitarbeiter fördern und beraten,

❑ die Mitarbeiter ausreichend und rechtzeitig informieren,

❑ die Ablauf- und Erfolgskontrolle durchführen,

❑ die Mitarbeiter beurteilen (vor allem Lob, aber auch konstruktive Kritik),

❑ Versuche der Rück- und Weiterdelegation abwehren.

Für den *Mitarbeiter* ergeben sich ebenso spezifische *Ausführungspflichten*:

❑ im Rahmen des Delegationsbereiches selbständig handeln und eigenverantwortlich entscheiden,

❑ für falsche Arbeitsausführungen und Fehlentscheidungen eintreten,

❑ den Vorgesetzten rechtzeitig und ausführlich informieren,

❑ außergewöhnliche Fälle dem Vorgesetzten vorlegen,

❑ seine Tätigkeit mit seinen Kollegen koordinieren und für Information sorgen,

❑ sich ggf. zur Bewältigung der gestellten Anforderungen weiterbilden.

Je höher eine Führungskraft in der Hierarchie angesiedelt ist, desto mehr Zeit sollte sie für echte Managementtätigkeiten, die es in jeder Kanzlei in vielfältiger Form gibt, und um so weniger Zeit für ausführende Arbeiten verwenden.

Was delegieren Sie - und was nicht?

Delegierbar sind *auf jeden Fall*

❑ Routinearbeiten,

❑ echte Detailfragen,

❑ vorbereitende Arbeiten (Entwürfe etc).

Im *Einzelfall* prüfen Sie *jede* Ihrer anstehenden Arbeiten auf Delegationsmöglichkeiten, z.B.

❑ (Vor-)Formulierung, aber nicht endgültige Festsetzung von Zielen, Plänen, Programmen und Projekten, über die Sie selbst entscheiden müssen.

❑ Stellvertretende Teilnahme an Besprechungen und/oder Gerichtsterminen, bei denen Ihr Standpunkt und die von Ihnen erarbeiteten Lösungsvorschläge auch durch Mitarbeiter und Kollegen eingebracht werden können.

> Delegieren Sie auch wichtige mittel- und langfristige Aufgaben Ihres Arbeitsgebietes, die den Mitarbeiter motivieren und fachlich fördern können.

Nicht delegierbar sind

❑ echte Führungsfunktionen wie Ziele setzen, kanzleipolitische Entscheidungen treffen, Ergebnisse kontrollieren etc.,

❑ Führung und Motivation der Mitarbeiter,

❑ Aufgaben von großer Tragweite,

❑ Aufgaben mit hohem Risikoanteil,

❑ außergewöhnliche Sonderfälle,

❑ akute, eilige Aufgaben, die keine Zeit für Erklärungen und Überprüfungen lassen,

❑ streng vertrauliche Angelegenheiten.

Was wollen Sie in Zukunft delegieren?

1) _____

2) _____

3) _____

Wann delegieren Sie?

Zum einen in Ihrer *täglichen Arbeitssituation*:

➡ So oft und so viel wie möglich - und wie es die Arbeitsumgebung zuläßt!

Zum anderen bei *grundlegenden Änderungen* Ihrer Arbeitssituation, um Arbeitsaufgaben und Vollmachten neu zu verteilen:

❑ Wechsel in der Mitarbeiterstruktur (Neueinstellung, Beförderung, Kündigung),

❑ Reorganisation und Umstrukturierung.

❑ besondere Ereignisse und Krisen,

❑ Einrichtung neuer Arbeitsgebiete oder Zuweisung neuer Kompetenzen.

An wen delegieren Sie?

➤ Grundsätzlich nur an die *direkt* unterstellten Mitarbeiter

Delegieren Sie hier nicht nur

❑ an die fähigsten (und beschäftigtsten) Mitarbeiter, die zusätzliche Arbeiten übernehmen können,

❑ und an Mitarbeiter, die über freie Arbeitszeit verfügen, sondern

❑ berücksichtigen Sie bei der Anwendung des Führungsinstruments „Delegation" auch die Mitarbeiter,

   - die schwierige Aufgaben übernehmen wollen,

   - die mehr Erfahrung brauchen,

   - deren Fähigkeiten geprüft und entwickelt werden sollen.

➤ Denken Sie aber auch - in großen Kanzleien - an *andere Abteilungen* sowie externe *Servicestellen* (Schreibservice, Fahrdienst, Zeitarbeit, EDV-Service), wenn es gilt, sich von eigener unnötiger Arbeit zu entlasten!

Wie delegieren Sie?

20 Kriterien für eine positive Delegation:

1   Delegieren Sie *so frühzeitig* wie möglich!

    Entscheiden Sie bereits nach der Aufstellung Ihres Arbeitsplanes, was Sie delegieren wollen bzw. müssen.

2   Delegieren Sie entsprechend den *Fähigkeiten und Kapazitäten* Ihrer Mitarbeiter.

3 Delegieren Sie auch im Hinblick auf die *Motivation und Förderung* Ihrer Mitarbeiter.

4 Delegieren Sie möglichst *vollständige* Arbeiten oder Aufgaben und nicht nur isolierte Teilaufgaben.

5 Legen Sie dar, ob es sich um eine fallweise oder dauerhafte Delegation handelt.

6 Delegieren Sie *gleichartige Aufgaben* möglichst dauerhaft an bestimmte Mitarbeiter.

7 Vergewissern Sie sich, ob der betreffende Mitarbeiter auch die Arbeitsaufgabe übernehmen kann und will.

8 Hüten Sie sich davor, dieselbe Aufgabe oder Tätigkeit aus Sicherheitsgründen zwei Mitarbeitern - unabhängig voneinander - zu übertragen.

9 Übertragen Sie dem Mitarbeiter zusammen mit der Arbeitsaufgabe auch die zu ihrer Ausführung notwendigen Befugnisse und Kompetenzen.

10 Geben Sie dem Mitarbeiter eine möglichst präzise und vollständige Instruktion und Information über seine Aufgabe, und stellen Sie fest, ob der Delegationsauftrag genau verstanden wurde (der Mitarbeiter kann nur das tun, was Sie ihm gesagt haben, nicht aber, was Sie sich bei der Ausführung vorgestellt haben!).

11 Erklären Sie den Sinn und Zweck der Aufgabe (Motivation und Zielsetzung).

12 Bei umfangreichen und wichtigen Aufgaben erteilen Sie den Delegationsauftrag ggf. schriftlich.

13 Bei neuen und komplizierten Aufgaben unterweisen Sie den Mitarbeiter nach der 5-Stufen-Methode:

❑ den Mitarbeiter vorbereiten,

❑ die Arbeitsaufgabe erklären,

❑ die Arbeit vormachen,

❑ den Mitarbeiter die Arbeit nachmachen lassen und ihn korrigieren,

❑ dem Mitarbeiter die Arbeit überlassen und ihn kontrollieren.

14 Geben Sie dem Mitarbeiter ggf. die Möglichkeit, sich für die übertragene Aufgabe weiterzubilden.

15 Geben und verschaffen Sie dem Mitarbeiter Zugang zu allen notwendigen Informationen.

16 Vermeiden Sie es strikt, sich ohne wichtigen oder dringenden Grund in den Arbeitsvorgang einzuschalten und so die Delegation zu durchkreuzen.

[17] Vermitteln Sie dem Mitarbeiter jedoch das Gefühl, Sie bei Schwierigkeiten und Problemen immer um Rat und Unterstützung fragen zu können.

[18] Lassen Sie sich in festgelegten Abständen (Zwischentermine) über den Fortschritt der Arbeit berichten.

[19] Kontrollieren Sie das Endergebnis der übertragenen Arbeit, und informieren Sie den Mitarbeiter sofort über Ihr Kontrollergebnis.

[20] Loben Sie die erfolgreichen Teile der Arbeit, und kritisieren Sie Mängel und Mißerfolge konstruktiv. Lassen Sie den Mitarbeiter die Aufgabe ggf. bei höheren Stellen als *seine* Arbeit kennzeichnen (Namenszeichen) bzw. in den entsprechenden Gremien mitpräsentieren.

Orientieren Sie sich bei der Delegation an den 6 W-Fragen:

Was soll getan werden - wer soll es tun - warum - wie - womit - wann soll er/sie es tun?

Delegation und Mitarbeiterauswahl

Eine Sozietät hat einen gutbezahlten Anwalt mit einigen Jahren Berufserfahrung eingestellt. In der Probezeit traten schon die ersten Bedenken auf. Man wollte dem neuen Kollegen jedoch die Chance geben, sich richtig einzuarbeiten und an das hohe Leistungsniveau anzupassen. Dies mißlang, darüber hinaus verpatzte er wichtige Mandate, die sich zu einem größeren finanziellen Schaden auswuchsen. Erst dann trennte man sich von ihm. Addiert man lediglich die Kosten, die sich aus dem gezahlten Gehalt, der mangelnden Leistungserfüllung, dem Schulungs- und Einarbeitungsaufwand sowie der weiteren zeitlichen Vakanz des Arbeitsplatzes ergeben, werden bei nur einjähriger Betriebszugehörigkeit Beträge von ca. 150 000 DM leicht erreicht, ohne die Folgeschäden zu berücksichtigen.

Dieses Beispiel macht deutlich, daß man das Gelingen der Delegation bereits im Vorfeld durch Einstellung geeigneten Personals sicherstellen sollte.

Jede Personalentscheidung stellt eine bedeutende Investition dar, die sich finanziell schnell im sechsstelligen Bereich bewegen kann, wenn man die Gehälter plus Personalkosten mehrerer Jahre zugrunde legt.

Noch nicht berücksichtigt sind dabei die Verringerung der Arbeitsproduktivität durch ungeeignete Mitarbeiter und die mangels Arbeitseffizienz vergeudete Zeit.

Unterstützung bieten uns Rechtsanwälten, die die Auswahl geeigneten Personals nicht gelernt haben, spezialisierte Personalberatungen. Deren Honorar scheint nur im ersten Moment hoch, es stellt aber nur einen Bruchteil des Betrages der Fehlinvestition dar. Darüber hinaus spart es dem Anwalt zusätzlich Zeit, er kann sich auf sein eigentliches Arbeitsgebiet, von dem er viel versteht, konzentrieren und in der durch Einschaltung des Dienstleistungsunternehmers ersparten Zeit produktiv zum Umsatz der Kanzlei beitragen.

3.6 Zusammenfassung

❏ Erfolgreich arbeiten heißt: nicht nur die Dinge richtig tun, sondern die richtigen Dinge tun. Dazu ist es nötig, Prioritäten zu setzen.

Das *Erarbeiten und Setzen von Prioritäten* hilft Ihnen:
- Arbeiten werden planvoll erledigt.
- Dringende Arbeiten werden termingerecht durchgeführt.
- Unterbrechungen werden gesteuert.
- Dringlichkeiten werden geprüft.
- Alternativen werden ermittelt, z.B. durch Hilfsfragen.
- Delegationsmöglichkeiten werden berücksichtigt.

❏ Ihre *persönlichen Vorteile*:
- Sie steuern aktiv Ihren Arbeitsablauf (Selbstmanagement).
- Sie vermeiden unnötige Zielkonflikte.
- Sie vermeiden Konflikte mit Mitarbeitern, Kollegen und Vorgesetzten.
- Sie vermeiden Doppelarbeit.
- Sie vermeiden unnötigen Streß.

❏ Das *Pareto-Zeitprinzip (80:20-Regel)* besagt:

Betrachtet man alle Aufgaben unter dem Kriterium der Effektivität, werden 80% der Arbeitsergebnisse bereits in nur 20% der aufgewandten Zeit erzielt, während die restlichen 20% der Ergebnisse aus 80% der zeitlichen Aktivitäten resultieren.

❏ *„Lebenswichtige wenige"* Probleme sollten daher immer vor den „nebensächlichen vielen" Problemen in Angriff genommen werden.

❏ Mit der *ABC-Analyse* ordnen Sie Aufgaben Ihrer Bedeutung nach:
- A-Aufgaben sind äußerst wichtig und werden von Ihnen selbst erledigt,
- B-Aufgaben sind durchschnittlich wichtig und lassen sich fallweise delegieren,

- C-Aufgaben sind weniger wichtig und lassen sich delegieren, verkürzen oder streichen.

- Aufgaben, die weder wichtig noch dringend sind, kommen in die Ablage oder den Papierkorb.

❏ Eine *wichtige* Aufgabe muß selten heute oder in dieser Woche erledigt werden, während dringende Aufgaben sofort getan werden wollen.

  Befreien Sie sich von der Tyrannei des Dringenden!

❏ Delegation (= Übertragung von Arbeitsaufgaben und Kompetenzen plus Verantwortung) ist für Führungskraft und Mitarbeiter gleichermaßen von Vorteil.

❏ *Delegation* bedeutet Selbstentlastung und schafft *Zeit* für Führungsaufgaben *(A-Aufgaben)* und Chancen für *Mitarbeiter*, sich zu entwickeln *(Motivation)*.

❏ *Delegieren Sie* nicht nur an Ihre *Mitarbeiter*, sondern auch an andere *Abteilungen und Servicestellen*.

❏ Eine wirksame Delegation erfordert eine *gute Arbeitsorganisation*: Planen Sie auch Ihre Aufgabendelegation, und überwachen Sie die delegierten Aufgaben und Termine mit einer *Kontrolliste*!

4. Realisieren und organisieren Sie Ihre Arbeitsabläufe

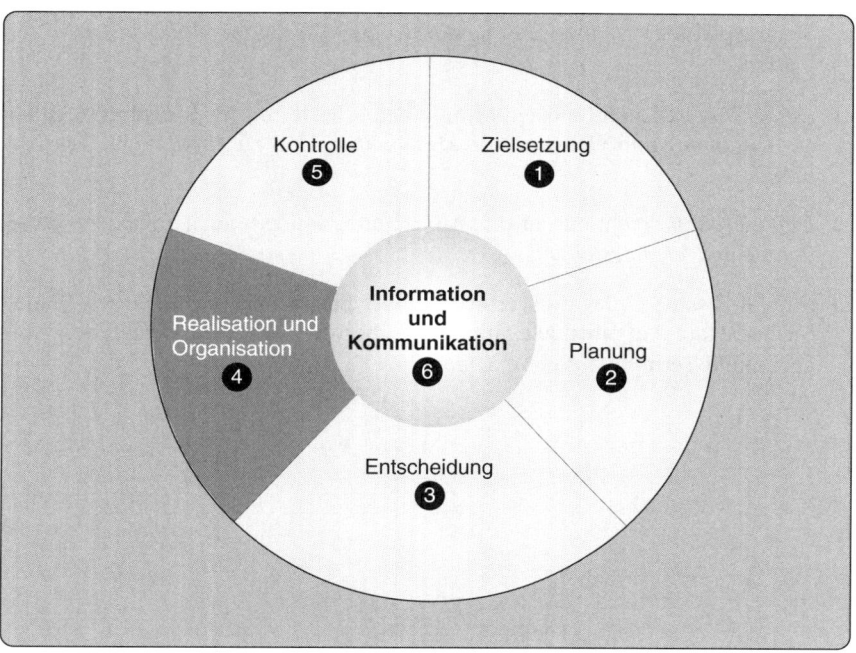

Ein typischer Arbeitstag eines Anwalts bringt es häufig mit sich, daß man trotz konkreter schriftlicher Planung von Aktivitäten und Prioritäten schon bald mit unvorhergesehenen und dringenden Problemen konfrontiert wird, die nach sofortiger Lösung verlangen. Auch verspätet beginnende Gerichtstermine oder die Überschreitung der üblichen Dauer kann, verbunden mit unproduktivem Warten vor dem Gerichtssaal, die ganze Tagesplanung zunichte machen. Der ganze Tag verläuft dann u. U. so, daß nichts richtig und vollständig gelingt und man abends nach Streß und Anspannung das Büro höchst unzufrieden verläßt.

In diesem Kapitel geht es darum, trotz widriger Umstände und eines hohen fremdbestimmten Zeitanteils

❏ Wege zu einer effizienten Organisation zu finden,

❏ die Organisationsprinzipien zur Tagesgestaltung darzustellen,

❏ aufzuzeigen, wie man Streß vermeidet und

❏ den effizienten persönlichen Arbeitsstil findet.

4.1 Effiziente Kanzleiorganisation

Der Anwalt konzentriert sich bei seiner Arbeit auf die Erledigung juristischer Sachbearbeitung. Für den Aufbau und die Anwendung einer effizienten Organisation bleibt wenig oder keine Zeit. Häufig liegt es Anwälten auch nicht, sich neben der reinen Mandatsbearbeitung noch um organisatorische Fragen zu kümmern oder sich Gedanken zu machen über den Aufbau einer effizienten Kanzleiorganisation.

Aber ebenso wie jeder Handwerker und Manager bei seiner Arbeit von der Arbeitsumgebung abhängt, gilt dies auch für den Anwalt.

Es besteht eine strategisch wirksame Verbindung zwischen effizienter Organisation und effizientem Zeitmanagement.

Wie in gut organisierten Wirtschaftsunternehmen, so sollte sich auch in Anwaltskanzleien die Arbeit an drei Funktionen orientieren:

❏ der Aufbauorganisation, also dem planmäßigen Aufbau, der Ordnung, Gliederung, Gestaltung und der Tätigkeit der Kanzleiorgane,

❏ der juristischen Sachbearbeitung und

❏ der Aufbauorganisation bzw. Unterstützung durch die Mitarbeiter.

Alle drei lassen sich folgendermaßen in einem Organigramm veranschaulichen:

Organigramm für die Anwaltskanzlei

Aufbauorganisation	**Sachbearbeitung**		**Ablauforganisation**
	Mandanten	Sachgebiete	(Mitarbeiter-Unterstützung)

1. Berufliche und vertragliche Grundlagen 1.1 Kammer 1.2 DAV 1.3 Verträge	1.1 Juristische Sachbearb.	2.1 Nichtjuristische Sachbearb.
1.1 Bürovorsteher 1.2 Verwaltungssekretariat 1.3 Mandantenbetreuung 1.4 Marketing		

2. Organisationsgrundlagen 2.1 Organisationsplanung 2.2 Geschäftsverteilung	1.2 Überörtliche Sozietät	2.2 Mahn- und Zwangsvollstreckungswesen
2.1 Empfang 2.2 Telefon 2.3 Fax		

3.1 Räume 3.2 Ausstattung 3.3 Materialaufbewahrung	1.3 Korrespondenzkollegen	2.3 Kosten und Gebühren
3.1 Bearb. Posteingang 3.2 Vormerkung Termine 3.3 Vormerkung Fristen		

4.1 Technische Ausstattung 4.2 EDV 4.3 Kommunikation	1.4 Kooperation	2.4 Sonstige Sachgebiete
4.1 Registratur 4.2 Materialverwaltung		

5.1 Kollegen
5.2 Mitarbeiter (nicht-juristische)

5.1 Schreibdienst
5.2 Zentral
5.3 Dezentral Sekretariat

6.1 Mandanten
6.2 Marketing
6.3 Kooperation(en)
6.4 Sachverständige

6   Bearbeitung
6.1 Gebühren
6.2 Buchhaltung
6.3 Finanzen
6.4 Steuern
6.5 Vermögen

7.1 Finanzen
7.2 Steuern
7.3 Versicherungen
7.4 Berufsgenossenschaft
7.5 Vermögen

7.1 Postversand
7.2 Botengänge

8.1 Literatur
8.2 Fortbildung
8.3 Veröffentlichungen

8.   Betreuung
8.1 Technik
8.2 EDV (Beauftragter)
8.3 Kommunikation

9.   Diverses
9.1 Statistiken, diverse

9.   Revision/Controlling

10. Mitgliedschaften
10.1 Beruflich
10.2 Privat

10. Spezielle Aufgaben
10.1 Datenschutzbeauftragter
10.2 Aktenauszüge

Erläuterungen zur Benutzung und Umsetzung des Organigramms

Das *Organigramm* stellt ein Organisationsschema für die Anwaltskanzlei dar, gegliedert in:

- Aufbauorganisation,
- Sachbearbeitung sowie
- Ablauforganisation,

und zwar innerhalb dieser Gliederung strukturiert nach einzelnen Bereichen und Tätigkeiten.

Die *Aufbauorganisation* ist ein strukturiertes Aufbauschema für die Organisation.

Der Bereich - juristische und nichtjuristische - *Sachbearbeitung* betrifft die Mandatsbearbeitung, differenziert nach Mandanten und Sachgebieten sowie möglichen Kooperationsformen.

Die *Ablauforganisation* beinhaltet die Umsetzung der organisatorischen Aufgaben sowie Unterstützung der Sachbearbeiter durch Mitarbeiter und ist differenziert nach einzelnen Tätigkeiten.

Die *Nutzung des Organigramms* schafft Überblick über die Kanzlei- und Arbeitsorganisation. Sie kann gleichzeitig Grundlage für die Organisations- und Archivverwaltung sein. Speziell das Schema der Ablauforganisation, also die Darstellung der Aufgaben der Unterstützung durch Mitarbeiter, kann zusätzlich als Grundlage für die Entwicklung und Fortschreibung einer Aufgaben- und Tätigkeitsbeschreibung der Mitarbeiter dienen.

Das für den AnwaltPlaner entwickelte Organigramm bietet also eine *vollständige* Organisationshilfe für die Kanzlei- und Arbeitsorganisation.

10 Gebote für eine gute Kanzleiorganisation	
1	Organisation nach einem Gesamtkonzept
2	Optimales Bürokonzept
3	Organisierter Arbeitsplatz
4	Effiziente Unterstützung durch Mitarbeiter
5	Richtige Organisation der Akten und ihres Umlaufes
6	Effizienter Einsatz von Hilfsmitteln
7	Ausnutzung moderner Technik
8	Richtige Kommunikation (intern, extern)
9	Rationelle Postbearbeitung
10	Offensein für Beratung und Innovation

Eine effiziente Organisation einzelner Bereiche ist nicht möglich, ohne ein Gesamtkonzept zu haben. So ist es z.B. nicht sinnvoll, den Ein-/Ausgang von Post zu organisieren, ohne die Raumbedingungen und Zuständigkeiten festzulegen.

❑ Die *Aufbauorganisation* eines Anwaltsbüros läßt sich anhand der dargestellten Untergliederungen systematisch gestalten. Hierdurch werden die Abläufe genau festgelegt, und Leerläufe werden vermieden.

❑ Zur *Sachbearbeitung* können in Sozietäten allgemeine Grundsätze festgelegt werden, so daß Kontinuität in der Bearbeitung für den Mandanten gegeben ist und Reibungsverluste vermieden werden.

❑ Zu den Aufgabenbereichen „Unterstützung durch Mitarbeiter" innerhalb der *Ablauforganisation* ist es wichtig, entsprechende Arbeitsplatz- und Aufgabenbeschreibungen zu erstellen. Nur eine systematische Einteilung der Aufgabenbereiche ermöglicht eine effiziente Erfassung und Beschreibung aller Vorgänge und bietet die Chance einer planmäßigen Fortentwicklung.

Ein gutes Gesamtorganisationskonzept bietet die Chance effizienterer Arbeitsweise und wertvollen Zeitgewinns. Das vorstehende Organisationsmodell wird angewandt im AnwaltPlaner.

Der für die Organisation und Planung wichtige, im AnwaltPlaner angebotene Teil „Organisation" beinhaltet folgende Organisationsbereiche und Organisationshilfen:

- Zeiterfassung zur Honorarberechnung
- Besprechungsvermerke
- Mandantendatei
- Organigramm
- Dienstpläne

➤ Organisieren Sie Ihr Büro und Ihre Arbeitserledigung nach einem merkfähigen, einheitlichen Organisationsmodell, z.B. nach dem Organigramm (S. 76).

Eine schlechte Raumorganisation verursacht neben Wege- und Suchzeiten auch zusätzliche Kosten, und zwar vor allem Personalkosten. Dies läßt sich durch ein richtiges Raumkonzept vermeiden.

Die Arbeitsräume und -plätze müssen einander so zugeordnet sein, daß die kürzesten Wege vorgegeben werden. Der nachstehende Grundriß zeigt die Gestaltung der *„Musterkanzlei"* auf dem 45. Deutschen Anwaltstag 1989 in München, die sich inzwischen bewährt hat.

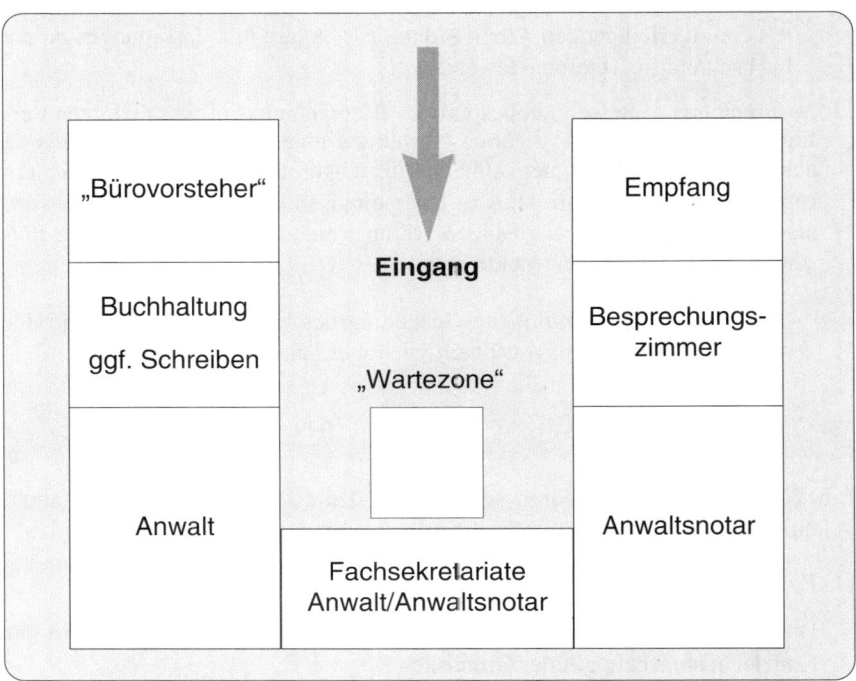

Besonders zu beachten ist, daß der Bürovorsteher, das Schreibbüro und die Aktenaufbewahrung (Registratur) wirklich zentral, also in der Nähe zum Eingangs- und Empfangsbereich liegen, damit die wichtigen Informationen auf dem kürzesten Weg „fließen" können.

Wenn auch individuelle Gewohnheiten und der persönliche Geschmack zu respektieren sind, so sind doch *Grundregeln für die Arbeitsplatzgestaltung* zu beachten, die Voraussetzung für rationelle Arbeit sind.

❑ Sowohl für den *Mitarbeiterplatz* als auch für den *Arbeitsplatz des Anwalts* gilt:

- Zu erledigende Akten sind getrennt von schon bearbeiteten Akten zu plazieren.

- Mit der Priorität A versehene Akten sollten so plaziert sein, daß sie gut ins Auge fallen.

- Zusätzliche Vorteile bringt es, wenn man die Akten differenziert nach der Art der zu erledigenden Arbeit ordnet, z.B. Akten mit Verfügungen an die Fachsekretärin, Telefonakten etc.

❑ *Besprechungen:* Soweit ein besonderes Besprechungszimmer nicht zur Verfügung steht, ist auf die richtige Gestaltung eines Besprechungsplatzes zu achten. Am besten geeignet sind Schreibtischkombinationen mit angefügtem runden Besprechungsteil. Dies ist psychologisch und atmosphärisch besser, als sich frontal gegenüber zu sitzen. Darüber hinaus ist dies auch bei der Präsentation von Unterlagen funktionaler.

➤ Im Ergebnis ist die rationelle Gestaltung des Mitarbeiterplatzes und des Arbeitsplatzes für den Anwalt ein wichtiger Faktor für Zeitgewinn.

(4) Effiziente Unterstützung durch Mitarbeiter

Ein Weg zur Entlastung durch Mitarbeiter ist die Delegation von Aufgaben. Wichtige Faktoren, um eine Entlastung durch Mitarbeiter zu erreichen, sind:

❑ *Rationalisierung durch Stellenbildung*

Da die Personalkosten mit 30 bis 40% den höchsten Kostenfaktor in der Kanzlei ausmachen, gilt der Grundsatz:

So viele Stellen wie nötig - so wenig Stellen wie möglich.

Rationalisierung ist also dadurch zu erreichen, so viele Funktionen wie möglich in einer Stelle zusammenzufassen.

❑ *Effizienter Einsatz der einzelnen Mitarbeiter*

Die wichtigsten Stellen und Funktionen für den Arbeitsablauf im Anwaltsbüro sind

- der (die) Bürovorsteher(in)
- das Fachsekretariat

- der (die) Buchhalter(in) und ggf. Kosten-/Gebührensachbearbeiter(in)
- die Schreibkraft sowie
- Beauftragte für spezielle Aufgaben, z.B. Systembeauftragte für EDV.

Es kommt darauf an, diese Mitarbeiter durch richtige Stellenbildung effizient einzusetzen. Keinesfalls sollte der Einsatz zufällig und unstrukturiert geschehen.

❑ *Arbeitsplatz-/Aufgabenbeschreibung*

Die Beschreibung der zu erledigenden Aufgaben ist notwendig und auch wichtig, um in der Bearbeitung Kontinuität zu erreichen.

❑ Bessere Leistung und effizientere Arbeit sind zu erreichen durch

- Schulung der Mitarbeiter, speziell der Auszubildenden,
- Schulung für besondere Aufgaben, z.B. EDV-Anwendung oder Textverarbeitung, und
- Schulung im Zeitmanagement durch Seminare oder Lektüre von Spezialliteratur.

➤ Entlasten Sie sich selbst, indem Sie Ihre Mitarbeiter effizient unterstützen, Stellen rational bilden und exakt beschreiben.

(5) Richtige Organisation der Akten und ihres Umlaufes

Die Akte als spezielles Organisationsmittel des Anwaltes birgt besondere Möglichkeiten rationellen und schnellen Arbeitens.

Die Akte sollte so gestaltet und organisiert sein, daß sie einen möglichst schnellen Überblick über den Inhalt bietet und eine selbstverständliche Ordnung gewährleistet. Sie sollte zumindest zwei Heftschienen haben.

In der Praxis hat es sich eingebürgert, Korrespondenz und Parteiunterlagen zu trennen. Selbstverständlich sollten auch die zu einem Mandat anfallenden verschiedenen Vorgänge, z.B. das Verfahren zu Beweissicherung und die Hauptsache, getrennt geheftet werden - nicht zuletzt auch wegen der getrennten gebührenmäßigen Erfassung und Bearbeitung bestimmter Vorgänge. Für die Aufbewahrung von Unterlagen ist die in der Akte angebrachte Hefttasche geeignet.

Bei familienrechtlichen Vorgängen empfiehlt sich die nachstehend dargestellte Ordnung.

I. Ehescheidung und Verbundsachen	Scheidungsverfahren Akt.-Z.: _____	❏ 1
	Kinder: elterliches Sorge- und Umgangsrecht, Unterhalt Akt.-Z.: _____	❏ 2
	Versorgungsausgleich Akt.-Z.: _____	❏ 3
II. Sonstige Folgesachen	Ehegattenunterhalt Akt.-Z.: _____	❏ 4
	Eheliche Wohnung und Hausrat Akt.-Z.: _____	❏ 5
	Zugewinn und Übertragung von Gegenständen einschl. Stundung gem. §§ 1382, 1383 Akt.-Z.: _____	❏ 6
III. Einstweilige Anordnungen	Ehegattenunterhalt Akt.-Z.: _____	❏ 7
	Kinder: elterliches Sorge- und und Umgangsrecht, Unterhalt Akt.-Z.: _____	❏ 8
	Getrenntleben und Wohnung sowie Hausrat Akt.-Z.: _____	❏ 9
	Prozeßkostenzuschuß Akt.-Z.: _____	❏ 10

Ein *Handakten-Bogen* bietet die Möglichkeit, notwendige Informationen festzuhalten, z.B. zur Bewilligung/Ablehnung von Beratungs- oder Prozeßkostenhilfe. Empfehlenswert ist es, in einem Handakten-Bogen bereits Quittungsvermerke anzubringen für Geld und Herausgabe von Unterlagen, um zeitaufwendiges Suchen im Aktenkompendium zu vermeiden.

Gelingt es, den *Aktenumlauf* richtig zu organisieren und zu koordinieren, so ist ein wichtiger Schritt zum Zeitgewinn getan. Akten sollten in der Regel stets am vorgesehenen Aufbewahrungsort, also in der *Registratur* oder im Aktenschrank, aufbewahrt werden, um das Auffinden zu erleichtern.

Das Durchwühlen und Suchen in Aktenbergen erübrigt sich, wenn Akten nicht liegend, sondern *hängend* aufbewahrt werden. Dies gilt nicht nur für die zentrale Registratur, sondern auch für den Arbeitsplatz des Anwaltes.

Der Aktenumlauf und damit die Gefahr des Suchens einer Akte kann weitestgehend vermieden werden, wenn notwendige Informationen zur Akte durch ein *EDV*-gestütztes Informationssystem abgerufen werden können. Dies muß das strategische Ziel für eine Rationalisierung des Aktenumlaufes und der Arbeit mit Zeitgewinn sein.

(6) Effizienter Einsatz von Hilfsmitteln

Zu den Hilfsmitteln gehören:

❏ die *Akte*,

❏ *Verfügungsvordrucke,* die den Vorteil der systematischen Führung bei der Arbeitserledigung haben und aufwendiges, schriftliches Verfügen durch Diktat ersparen oder erleichtern,

❏ *Vordrucke bei den Terminberichten,* einschließlich hieraus abgeleiteter Verfügungen an das Sekretariat zur Information der Mandantschaft. Speziell bei der Kostenbearbeitung sind Vordrucke ein wichtiges Hilfsmittel für schnelle und sichere Arbeitserledigung, z.B. durch einen Vordruck für die Abrechnung in Familiensachen;

❏ das *Zeitplanbuch* als Instrument zur Planung und Erledigung von Aktivitäten im beruflichen und persönlichen Bereich.

➤ Rationalisieren Sie Ihre Arbeit, und verschaffen Sie sich Zeitgewinn durch den Einsatz von Hilfsmitteln, durch rationale Aktenorganisation und Aktenführung, Nutzung von Verfügungsvordrucken, speziell bei der Kostenbearbeitung, und organisieren Sie die Verfügbarkeit von benötigten Informationen.

(7) Ausnutzung moderner Technik

Die *Nutzung moderner Technik* ist ein weiterer wesentlicher Faktor zur Rationalisierung und zum Zeitgewinn.

Selbstverständlich ist die Standardausstattung:

❏ Schreibmaschine, evtl. Speicherschreibmaschine,

❏ Rechenmaschine mit oder ohne Ausdruck,

❏ Fotokopiergerät mit verschiedenen modernen Leistungsmerkmalen (Vergrößern, Verkleinern, Sortieren etc.).

Ein besonderes Augenmerk gilt der Nutzung der EDV und neuesten Kommunikationstechnik:

❑ digitale Telefontechnik einschl. Anrufbeantworter, Sprechanlage, Telefax, Bildschirmtext, Telex/Teletex, Mailbox, Datenbank, Spracherkennungssystem.

> **Ein Anwaltsbüro darf kein „Technikmuseum" sein.**

Deshalb:

➤ Nutzen Sie sinnvoll die Möglichkeiten der modernen Technik.

➤ Denken Sie z.B. auch an die EDV-gestützte Stammdatennutzung (Mandantenstamm- und Aktenstammdaten)!

➤ Beschaffen Sie sich vor der Entscheidung für ein Produkt Überblick über die angebotenen Produkte anhand von Marktübersichten, z.B. vom Institut der Anwaltschaft für Büroorganisation und Bürotechnik Bonn.

> **(8) Richtige Kommunikation**

Wichtig für einen integrierten Einsatz ist, daß Fax, Btx, Mailbox, Datenbanken etc. im Büro von allen Mitarbeitern akzeptiert und genutzt werden.

❑ Das *Telefon* ist für den Anwalt das gebräuchlichste und wichtigste Kommunikationsmittel. Durch telefonische Besprechungen läßt sich häufig ein Streitthema schneller und besser regeln als durch umfangreiche schriftliche Darlegung von Streitstoff, abgesehen davon, daß die Gebührenordnung auch telefonische Besprechungen durch den Anfall der Besprechungsgebühr honoriert. Zudem kann das Telefon intern genutzt werden, z.B. bei freiem Sprechen oder Mithören.

❑ Das *Telefax* hat sich inzwischen als ein nützliches Kommunikationsmittel, insbesondere für schnelle Korrespondenz, bewährt. Grundsätzlich kommt auch die Telefax-Korrespondenz in Betracht für die Einlegung von Rechtsmitteln.

❑ *Telex/Teletex* haben zwar durch die Ausweitung der Telefax-Korrespondenz an Bedeutung verloren, sind aber immer noch, insbesondere für die Korrespondenz ins Ausland, notwendig.

❏ *Bildschirmtext* ist für den Anwalt eine Möglichkeit schneller und aktueller Informationsbeschaffung (z.B. über Fahrpläne).

❏ *Mailbox* und die übrigen nationalen und internationalen Datenbanken bieten dem Anwalt ein Kommunikations-, Informations- und Dienstleistungssystem, das bei weiterem Ausbau auf schnellstem Weg aktuelle Informationen, insbesondere Register, bietet.

❏ Ebenso bieten *externe Datenbanken* die Möglichkeiten der Informationsbeschaffung, vor allem zu Informationen über Rechtsprechung und Literatur.

❏ *CD-ROM* sichert Aktualität und spart Platz (man denke an Gesetzessammlungen).

➤ Nutzen Sie die *Möglichkeiten interner und externer Kommunikation* durch ein kommunikationsfreundliches Bürokonzept und durch bedarfsgerechten Einsatz und Akzeptanz moderner technischer Kommunikatonsmittel.

(9) Rationale Postbearbeitung

Die Post ist neben Telefongesprächen und mündlichen Besprechungen und Verhandlungen das wichtigste Medium und zugleich größter Zeitfresser bei der Erledigung anwaltlicher Tätigkeit.

Die Postbearbeitung gliedert sich in folgende Bereiche:

❏ Posteingang, einschließlich Termin- und Fristvormerkung,

❏ Postzuordnung,

❏ Sachbearbeitung zum Posteingang,

❏ Postausgang.

➤ Die *Eingangspost* soll so früh wie möglich am Tage in den Geschäftsgang kommen. Im Anwaltsbüro ist von besonderer Wichtigkeit, ebenso sicher wie schnell Termine und Fristen vorzumerken. Diese Aufgabe ist von einem besonders qualifizierten Mitarbeiter zu erledigen, um Unsicherheiten und unnötige Rückfragen zu vermeiden. Es sollte nur in besonders gelagerten Fällen der Anwalt selbst zur Fristberechnung, etwa bei Fristunterbrechungen im Zusammenhang mit den Gerichtsferien, eingeschaltet werden.

➤ Erkennbar eilige Vorgänge sollen mit einem entsprechenden „Eilvermerk" versehen und in einem Rotdeckel vorgelegt werden, so daß sie am Arbeitsplatz nicht zu übersehen sind und sofort erledigt werden.

➤ Die zu *bearbeitende Post* soll umgehend dem zuständigen Sachbearbeiter vorgelegt werden. Sie sollte von einem Mitarbeiter erledigt werden, der Überblick über die Zuständigkeiten hat. Es ist eine Frage des persönlichen Arbeitsstils, ob der Posteingang zunächst ohne oder mit zugehörigem Aktenvorgang vorgelegt wird.

➤ Die *sachliche Bearbeitung* der Post erfolgt durch den Anwalt oder den nichtjuristischen Sachbearbeiter. Wichtig ist, die zu bearbeitende Post systematisch zu gliedern, differenziert nach der Art der Bearbeitung, die in Betracht kommt:

❑ Posterledigung durch Verfügung (evtl. mit Kurz- oder Stichwortdiktat), ggf. auch durch Verfügung zur Erledigung durch programmierte Textverarbeitung,

❑ Sachbearbeitung durch Banddiktat.

➤ *Postausgang:* Bevor die Post dem Anwalt zur Unterschrift vorgelegt wird, sollte sie durch Sekretariat oder Bürovorsteher formal und inhaltlich vorgeprüft werden.

(10) Offensein für Beratung und Innovation

➤ Sensibilisieren Sie sich für Beratung zum Bereich Organisation, Betriebswirtschaft und Innovation. Dies ist in der Anwaltschaft bisher noch nicht selbstverständlich.

➤ Prüfen Sie die Möglichkeiten spezieller Beratung zur Organisation und zur betriebswirtschaftlichen Situation der Kanzlei.

➤ Nutzen Sie die Möglichkeiten der Fortbildung zum Bereich der Organisation und Betriebswirtschaft und speziell zum Thema Selbst- und Zeitmanagement.

➤ Seien Sie offen für mögliche Innovationen zur anwaltlichen Organisation und Betriebswirtschaft.

4.2 Organisationsprinzipien zur Tagesgestaltung

Die Organisation Ihres Arbeitstages sollte von dem Grundsatz geprägt sein:

Ich will über meine Arbeit verfügen können und nicht umgekehrt!

Die folgenden Regeln und Prinzipien sollen Ihnen als Anregungen für Ihre Tagesgestaltung dienen, wollen (und können) aber keine verbindlichen Empfehlungen sein.

➤ Bewerten Sie die einzelnen Prinzipien danach, inwieweit

❑ Sie diese bereits praktizieren und jetzt intensivieren wollen,

❑ Sie diese einmal ausprobieren wollen,

❑ diese für Sie nicht in Frage kommen.

Die Organisationsprinzipien lassen sich unter zeitlichem Aspekt in drei Gruppen unterteilen: Tagesbeginn, Tagesverlauf und Tagesschluß.

Regeln zum Tagesbeginn

(1) Mit positiver Einstimmung in den Tag

Ihre Grundeinstellung zu den Dingen, also wie Sie an die anstehenden Aufgaben herangehen wollen, hat einen nicht unmaßgeblichen Anteil an Ihrem Erfolg oder Mißerfolg. Stellen Sie sich jeden Morgen folgende Fragen:

➤ Was kann ich heute tun, um diesem Tag möglichst viel Freude abzugewinnen?

➤ Wie kann mich heute dieser Tag meinen Zielen näherbringen?

➤ Was kann ich heute als Ausgleich zur Arbeit für meine Gesundheit tun, z.B. Waldlauf, Entspannung etc.

➤ Mit wem werde ich heute zusammenkommen?

➤ Wem könnte ich Freude bereiten, Nutzen bieten?

➤ Welche Schwierigkeiten und Probleme könnte mir dieser Tag bescheren? Wie kann ich diese auf positive Weise lösen?

Stimmen Sie sich innerlich auf den Tag ein - dazu gehört auch ein gutes Frühstück ohne Hast -, und beginnen Sie mit der Zuversicht, das Beste in allen anstehenden Problemen zu erreichen.

---

(2) Arbeitsbeginn möglichst zu konstanten Zeiten

➤ Beginnen Sie mit Ihrer Tagesarbeit regelmäßig - etwa um die gleiche Zeit.

Sie können sich auf diese Weise auch selbst „konditionieren", zu bestimmten Tageszeiten arbeitsbereit zu sein.

---

(3) Überprüfung des Tagesplanes

➤ Überprüfen Sie Ihren - bereits am Vorabend erstellten - Tagesplan, reduzieren Sie ihn auf das Wesentliche und Realistische, und berücksichtigen Sie dabei auch den Wochenplan.

---

(4) Schwerpunktaufgabe des Tages an den Anfang!

➤ Fangen Sie mit der wichtigsten Tagesaufgabe (höchste Priorität) vor der Zeitungslektüre, vor der Post und möglichst auch vor Arbeitsbeginn Ihrer Kollegen und Mitarbeiter an!

Verzichten Sie auf das morgendliche Ritual des „Büroschwatzes", der sich besser zu leistungsschwächeren Zeiten auf den Nachmittag verlegen läßt.

Ihr eigener konzentrierter Arbeitsstil zieht auch die Mitarbeiter des Anwaltsbüros mit.

Wichtige zu erledigende Aufgaben, etwa das Führen von Telefongesprächen, können zum frühen Tagesbeginn angesetzt werden. Wenn auch der Gesprächspartner nicht erreicht wird, ist zumindest die Erledigung eines bestimmten Themas begonnen und vielleicht ein Rückruf oder erneuter Anruf möglichst mit Uhrzeit vereinbart.

---

(5) Zeitplan mit Sekretärin abstimmen

➤ Stimmen Sie alle Termine, Prioritäten und Tagesziele mit Ihrer Sekretärin als wichtiger Arbeitspartnerin vor Ihrem Arbeitsbeginn ab! Nachher, wenn Sie sich mit anderen Dingen beschäftigen, wird sie um so effektiver arbeiten und Sie von allen unnötigen Störungen abschirmen!

(6) Fixtermine beeinflussen

➤ Betreiben Sie aktive Terminplanung - auch durch eigene Terminvorschläge -, und beugen Sie so unpassenden Terminvorgaben vor!

Rufen Sie doch z.B. dann, wenn bei einer Mandatsbearbeitung ein Termin zu erwarten ist - etwa nach Vorliegen der Klageerwiderung - den Richter an und stimmen Sie mit ihm einen passenden Termin ab.

(7) Handlungen mit Rückwirkungen und impulsive Aktivitäten vermeiden

Zu erledigende Aufgaben sollten abgewickelt und abgeschlossen werden, ohne hierdurch für Sie oder Ihre Mitarbeiter spontan neue Verpflichtungen zu verursachen.

➤ Arbeiten Sie an begonnenen Arbeiten konsequent und schrittweise.

➤ Vermeiden Sie „Arbeitsspringerei", und versuchen Sie, angefangene Dinge immer zu Ende zu bringen (oder an sinnvoller Stelle zu unterbrechen).

➤ Erledigen Sie begonnene Aufgaben, und lassen Sie die Erledigung nicht durch spontane zusätzliche Aufgaben stören.

➤ Überprüfen Sie alle Aktivitäten (Terminzusagen, Besuche, Reisen, Korrespondenz) auf die Notwendigkeit und andererseits auf die Delegierbarkeit. Vermeiden Sie belastende Folgeaktivitäten!

➤ Schließen Sie angefangene Arbeiten ab, bevor Sie neue Arbeiten beginnen.

(8) Zusätzliche Dringlichkeitsfälle ablehnen

Bei sich ergebenden eiligen und dringlichen Aufgaben prüfen Sie,

➤ welche - negativen - Auswirkungen es für die Praxis hat, wenn die Übernahme der Aufgabe abgelehnt oder aufgeschoben wird;

➤ ob die Aufgabe persönlich wahrgenommen werden muß oder ob eine Möglichkeit der Delegation besteht.

(9) Rechtzeitig Pausen machen - angemessenes Arbeitstempo

Zu langes, intensives Arbeiten macht sich nicht bezahlt, da die Konzentration und Leistungsfähigkeit nachlassen und sich Fehler einschleichen. Betrachten Sie Pausen nicht als Zeitverschwendung, sondern als erholsames Energietanken!

❏ Legen Sie *regelmäßige*, aber kurze Pausen ein, am besten 5 bis 10 Minuten stündlich!

❏ Entspannen Sie sich, indem Sie sich - möglichst unter Sauerstoffzufuhr (etwa bei geöffnetem Fenster) - kurz bewegen, Dehnungsübungen machen oder meditieren.

❏ Verbessern Sie in längeren Pausen Ihre persönliche Leistungsfähigkeit, z.B. Jogging während der Mittagspause, im Rahmen Ihres *Tagesfitneßprogramms!*

❏ Machen Sie auch in *Besprechungen* einmal Pause. Sehr häufig entstehen die kreativsten Ideen in einer solchen entspannten Atmosphäre!

Für den *Regenerationseffekt* einer Pause ist es wichtig, daß sie noch im Leistungshoch eingelegt wird, bevor die Konzentrationsfähigkeit restlos abgenommen hat. Einschlägige medizinische Untersuchungen haben ergeben, daß der beste Erholungswert nach etwa 1 Stunde Arbeitszeit erzielt wird. Die Pause sollte nur bis zu 10 Minuten dauern, weil der optimale Effekt in den ersten 10 Minuten eintritt, danach jedoch eine sinkende Tendenz hat.

(10) Arbeitsblöcke bilden

Durch die *Soforterledigung* bzw. *Einzelfertigung* von kurzen Telefonaten, Kurzmitteilungen, Briefen und Besprechungen geht eine Menge Zeit verloren.

➤ Erledigen Sie daher Routinetätigkeiten und sogenannten Kleinkram in *Serienfertigung,* indem Sie gleichartige *Aufgaben zu Arbeitsblöcken zusammenfassen.*

Das gilt etwa für Besprechungen, Verfügungen an das Sekretariat, Korrespondenzbearbeitung, Telefonate etc.

Dies hat den entscheidenden Vorteil, daß Sie Ihre Arbeitsgänge nur einmal vorzubereiten brauchen und bei Tätigkeiten gleicher Art bleiben.

➤ Organisieren Sie Ihre anwaltliche Arbeit so, daß ähnlich gelagerte oder vergleichbare Aufgaben in Aufgabenblöcken von ca. 30 bis 60 Minuten erledigt werden.

---

(11) Unproduktive Wartezeiten nutzen

Zeitüberhänge ergeben sich insbesondere häufig bei der Wahrnehmung gerichtlicher Termine, wenn Verschiebungen oder unvorhergesehene Pausen eintreten. In dieser Zeit können Sie z.B. mit einem Handdiktiergerät Ihre Terminberichte erstellen (dies funktioniert im allgemeinen auch auf der Rückfahrt in die Kanzlei), Fachzeitschriften oder Akten lesen, die ohne Fachliteratur bearbeitet werden können.

➤ Lassen Sie ungeplante Leerlauf- oder Wartezeiten nicht ungenutzt verstreichen!

Nutzen Sie auch die letzten Minuten vor der Mittagspause oder vor Büroschluß für vorbereitende, planerische oder Routinetätigkeiten (Aktivitäten).

---

(12) Antizyklisch arbeiten (Tagesstörkurve)

Antizyklisch arbeiten bedeutet, schwierige, Konzentration erfordernde Aufgaben in den Zeitabschnitten des Tages zu erledigen, an denen erfahrungsgemäß die wenigsten Störungen zu erwarten sind.

➤ Versuchen Sie, auf der Basis Ihres Tagesstörblattes (Kap. 0) Ihre eigene Störkurve aufzustellen und sich danach zu richten.

Arbeiten Sie daher *antizyklisch,* indem Sie z.B.

❑ während der störarmen Zeit am Vormittag Ihre wichtigsten, geplanten Aufgaben erledigen,

❑ während der störanfälligen Zeiten versuchen, Ihre einkalkulierte Pufferzeit (40%) für C-Aufgaben zu nutzen und gelassener mit Unterbrechungen umzugehen,

❑ Ihre Post nicht morgens durchgehen, sondern erst einmal zurückstellen,

❑ morgens früher kommen und abends eher gehen,

❑ die Arbeitsgewohnheiten Ihrer Kollegen und Mitarbeiter beachten und bei Ihrer Planung den „Bürotag" Ihres Anwaltskollegen berücksichtigen.

Richten Sie täglich eine *Stille Stunde* oder *Sperrstunde* ein, in der Sie von *niemandem* gestört werden. Sie haben ja einen sehr wichtigen Termin, den vielleicht wichtigsten überhaupt:

Einen Termin mit sich selbst! (1 Stunde)

➤ Tragen Sie diesen Termin daher auch wie eine Besprechung oder einen Mandantenbesuch in Ihren Tagesplan (➤ Zeitplanbuch) ein!

Ein solcher Zeitraum der ununterbrochenen Konzentration wird Ihre Leistungsfähigkeit erheblich verbessern.

Verwenden Sie diese Zeit für wichtige, aber nie dringende Aufgaben, auch solche mit längerfristigen Aspekten, die im Tagesgeschäft häufig untergehen.

➤ Schirmen Sie sich für Ihre *Stille Stunde* ab (am besten mit Hilfe Ihrer Sekretärin), schließen Sie die Tür zu Ihrem Büro zu mit der Ansage, daß Sie „nicht da" sind!

(14) Zeit und Pläne kontrollieren

➤ Überprüfen Sie neben Ihrer Zeit auch mehrmals täglich Ihre Planung im Hinblick auf erledigte Aufgaben, neue Prioritäten etc.!

➤ Weisen Sie gleich zu Anfang von Besprechungen auf den Zeitplan hin.

Die Überprüfung von Zeitplänen ist notwendig, um Ihre Planung an neue Bedingungen anzupassen, die sich oft erst im Tagesablauf ergeben. Die Planung muß realistisch sein, sonst sind Frustrationen am Abend unvermeidlich.

Regeln zum Tagesschluß

(15) Unerledigtes (Kleinkram) abschließen

Versuchen Sie, alle kleineren Arbeiten, die sich im Laufe des Tages ergeben haben und liegen geblieben sind, noch am gleichen Tage zu beenden. Jeder Aufschub um einen oder mehrere Tage kann zu einem zusätzlichen Arbeitsaufwand führen, wenn Sie sich mit den Vorgängen erneut beschäftigen und einen größeren Posten Unerledigtes aufarbeiten müssen.

(16) Ergebnis- und Selbstkontrolle

Ein Soll-Ist-Vergleich Ihrer arbeitsmäßigen und persönlichen Tagesgestaltung im Hinblick auf Ihre Zielerreichung und evtl. Abweichungen ist ein wichtiger Bestandteil der gesamten Arbeitstechnik.

(17) Zeitplan für den nächsten Tag

➤ Planen Sie den nächsten Tag bereits am Abend vorher!
Prüfen Sie, welche Aufgaben unzureichend oder gar nicht erledigt werden konnten und auf den nächsten Tag übertragen werden müssen.

➤ Arbeiten Sie mit dem AnwaltPlaner Ihren nächsten Tagesplan aus (Ziele, Prioritäten, Delegation etc.)!
Für den Anwalt ist es wegen der anstehenden Gerichtstermine wichtig, daß für den nächsten Tag zu erledigende Termin- und Fristakten vorgelegt werden, selbstverständlich täglich am gleichen Platz.

(18) Mit positiver Stimmung nach Hause

Machen Sie sich im Sinne einer *positiven Lebensführung* bewußt, welche Qualität und welchen *Wert* der *Tag* für Ihr Leben hatte. Was haben Sie heute erreicht? Inwiefern sind Sie Ihren *Zielen* nähergekommen? Schließen Sie mit einer positiven *Stimmung* ab.

➤ Überlegen Sie sich, wie Sie den *Abend* verbringen möchten. Viele kommen abends von der Arbeit nach Hause, ohne einen Gedanken darauf verwendet zu haben, wie sie Freude verbreiten und eine Grundlage für einen *angenehmen Feierabend* schaffen können (Partner, Familie, Kinder, Theater, Konzert, gutes Buch, Freunde, Ausgehen, Sport, Meditation etc.).

➤ Welche *Organisationsprinzipien zur Tagesgestaltung* wollen Sie nach der Lektüre dieses Abschnittes praktizieren, verbessern oder ausprobieren (bitte ankreuzen oder auf Seite 150 notieren)?

4.3 Natürlicher Tagesrhythmus (Leistungskurve)

Jeder Mensch ist in seiner *Leistungsfähigkeit* während des ganzen Tages bestimmten *Schwankungen* unterworfen, die sich in einem natürlichen *Rhythmus*
vollziehen und im voraus absehen lassen. Die statistische, durchschnittliche tägliche Leistungsbereitschaft und ihre Schwankungsbreite lassen sich durch folgende Grafik beschreiben (REFA-Normkurve):

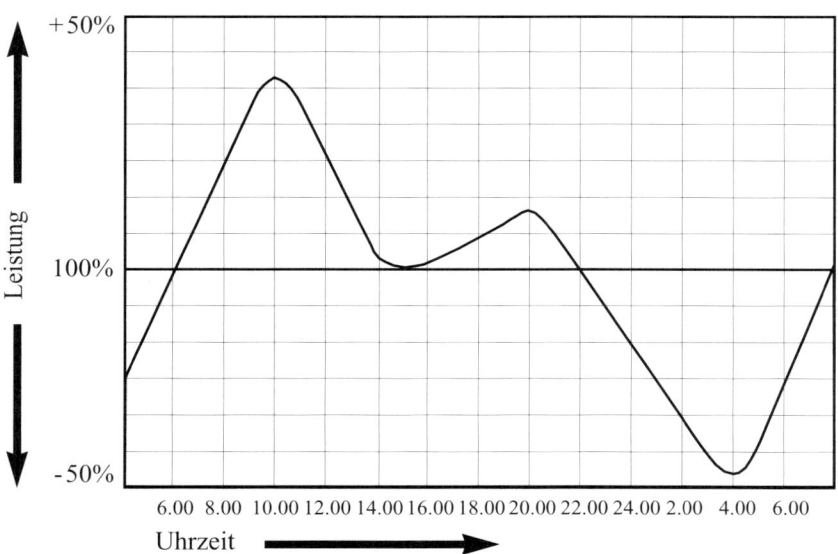

Hier gibt es zwar eine Reihe *individueller Unterschiede,* die durch Ernährungs-
gewohnheiten und andere persönliche Merkmale beeinflußt werden. Grundsätzlich jedoch kann man folgendes feststellen:

- Der *Leistungshöhepunkt* liegt am *Vormittag.* Dieses Niveau wird während
  des gesamten Tages nicht mehr erreicht.

- Am *Nachmittag* schließt sich dann das allgemein bekannte Nach-Mittagstief
  an, das von manchen durch starken Kaffeegenuß bekämpft, jedoch dadurch
  verlängert wird.

- Nach einem erneuten *Zwischenhoch* am *frühen Abend* fällt die Leistungskurve kontinuierlich ab, um dann einige Stunden nach *Mitternacht* ihren absolu-
  ten Tiefpunkt zu erreichen.

Jeder von uns muß mit diesen Schwankungen der persönlichen Leistungsfähigkeit leben.

> Versuchen Sie nicht, gegen Ihren natürlichen Tagesrhythmus zu arbeiten (den Sie ohnehin nur geringfügig ändern können), sondern nutzen Sie diese Gesetzmäßigkeiten für Ihre Tagesgestaltung!

Für den Arbeitsstil eines Anwaltes ergeben sich hieraus spezielle Konsequenzen. Die meisten gerichtlichen Termine liegen am frühen Vormittag und dehnen sich bis mittags aus. Für Spätrhythmiker, die erst am späten Vormittag „in Schwung" kommen, bedeutet dies, sich auf die Leistungsanforderungen am frühen Vormittag bestmöglich einzustellen. Der *Frührhythmiker,* der besonders leistungsfähig am frühen Vormittag und dafür am Nachmittag eher müde ist, hat möglicherweise seine Probleme bei der Abwicklung der anwaltlichen Sprechstunde, die sich erfahrungsgemäß bis in den frühen Abend hineinzieht.

Jeder Anwalt - sei er *Früh- oder Spätrhythmiker* - muß also eine persönliche Synthese im täglichen Arbeitsablauf finden.

➤ Finden Sie nun Ihren *persönlichen Tagesrhythmus* heraus, indem Sie Ihre Leistungskurve durch systematische Beobachtungen erstellen.

➤ Zeichnen Sie anschließend Ihre persönliche Leistungskurve:

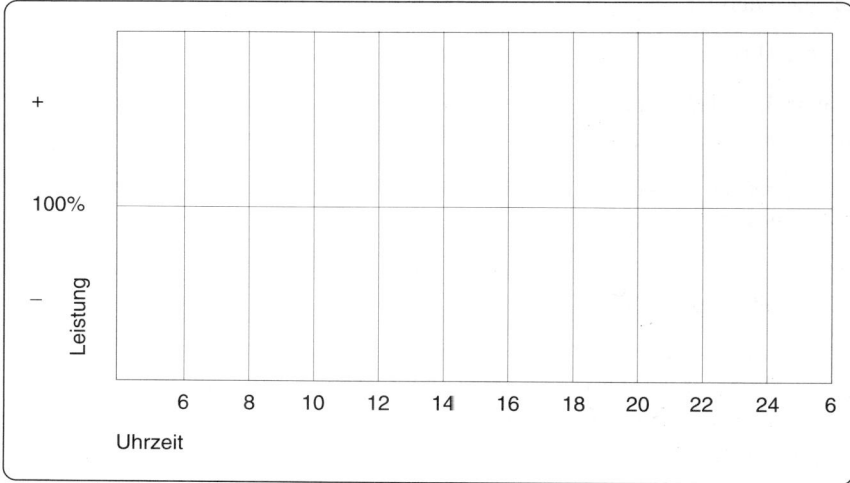

> Überlegen Sie anhand dieser Aufzeichnungen, ob sich Ihre wichtigen Aufgaben und Termine und Ihr Tagesablauf besser auf Ihre inneren Bedürfnisse abstimmen lassen!

❑ Bejahen Sie die Aktivitäts- und die Ruhephasen Ihrer physiologischen Leistungsschwankungen.

❑ Wechseln Sie, entsprechend Ihrer inneren Periodik, zwischen anstrengenden (= wichtigen) Tätigkeiten und entspannenden (= weniger anspruchsvollen) Aktivitäten ab.

❑ Tun Sie täglich etwas für Ihr *Leistungsvermögen* (Bewegung, Sport, Kondition).

4.4 Persönlicher Arbeitsstil - Selbstentlastung

Ein wichtiger Faktor für Ihre tägliche Arbeitsbelastung und den Arbeitserfolg stellt Ihr persönlicher Arbeitsstil dar. Die Art und Weise, wie jemand zu arbeiten pflegt, wird in erster Linie von seinen Charaktereigenschaften, Neigungen und Gewohnheiten bestimmt. Veränderungen des persönlichen Arbeitsstils setzen voraus, daß man

❑ sich seiner individuellen Stärken und Schwächen in der Arbeitsweise bewußt wird,

❑ motiviert ist, die Stärken zu erhalten bzw. auszubauen, und

❑ bereit ist, an den eigenen Schwachstellen zu arbeiten.

Die nachstehenden Fragen sollen Ihnen helfen, Ihren persönlichen Arbeitstil ein wenig näher zu überprüfen.

➤ Kreuzen Sie bei jeder Frage bitte die Aussage an, die Ihren Neigungen am ehesten entspricht!

Verwenden Sie hierzu auch Ihre Erfahrungen aus der „Tätigkeits- und Zeitanalyse" (Kap. 0).

> Je höher die Punktzahl, um so mehr stehen Sie sich für ein produktives Arbeiten „selbst im Wege"!

Selbsteinschätzung Mein persönlicher Arbeitsstil	fast nie (0)	manch- mal (1)	häufig (2)	fast immer (3)
Neigen Sie dazu,				
1 unangenehme Arbeiten und Aufgaben vor sich herzu- schieben?				
2 fällige, aber unangenehme Entscheidungen zunächst einmal zu vertagen?				
3 sich bei unangenehmen oder schwierigen Entschei- dungen bei anderen rückzuversichern?				
4 alles selbst zu tun?				
5 mehrere Probleme gleichzeitig zu bearbeiten?				
6 hastig und eilig zu arbeiten?				
7 Arbeiten in Angriff zu nehmen, ohne sich vorher Ge- danken über die beste Vorgehensweise zu machen?				
8 Arbeiten zu unterbrechen, um sich anderen Dingen zuzuwenden?				
9 schwierige Aufgaben nach anfänglicher Bearbeitung erst einmal zurückzustellen?				
10 unkonzentriert zu arbeiten?				
11 über 2 oder mehr Stunden ohne Pausen zu arbeiten?				
12 Arbeiten häufiger nicht zu Ende zu bringen, weil Sie immer wieder gestört werden?				
13 wertvolle Zeit für einzelne Spezialaufgaben oder Nebensächlichkeiten zu verwenden?				
14 sich mit Fremdaufgaben zu beschäftigen, nur weil diese Sie interessieren?				
15 sich jeder Aufgabe zu jeder Zeit anzunehmen weil Sie nicht „nein" sagen können?				
16 sich mit beinahe aussichtslosen Dingen, wie Suche nach Schuldigen für Fehler oder Kampf gegen den Verwaltungsapparat im Betrieb, auseinandersetzen?				
17 auch in solchen Bereichen nach perfekter Aufgaben- erfüllung zu streben, wo sie nicht nötig ist?				
18 alle Fakten kennen zu wollen?				
19 Initiative erst auf Anstoß hin zu entfalten?				
20 anderen bei ihren Arbeitsproblemen immer helfen zu wollen?				
Summe				
Zählen Sie die Kreuzchen spaltenweise zusammen und ermitteln Sie die Gesamtpunktzahl.				
	x 0	x 1	x 2	x 3
	= 0	+	+	+
		=		

Auf den nachfolgenden Seiten finden Sie eine Reihe von Anregungen und Lösungsvorschlägen zur Überwindung hinderlicher Gewohnheiten im persönlichen Arbeiten die Sie auch sehr viel Zeit kosten können („Zeitfresser").

Kreuzen Sie Ihre persönlichen Zeitfresser an, und überlegen Sie, wie sie sich beseitigen lassen.

❏ Keine Ziele, Prioritäten oder Tagespläne

❏ Versuch, zu viel auf einmal zu tun

❏ Unentschlossenheit

❏ Hast, Ungeduld

❏ Unfähigkeit, nein zu sagen

❏ Aufgaben werden nicht zu Ende geführt

❏ persönliche Desorganisation, überhäufter Schreibtisch

Wege zur Selbstentlastung

Eine für jeden Anwalt strategisch wirksame Möglichkeit zum Zeitgewinn ist die *Selbstentlastung*, nämlich sich nur auf das Wesentliche und wirklich Wichtige zu konzentrieren und Wege zur erfolgreichen Selbstentlastung zu suchen. Wegweiser hierfür sind die „vier erfolgreichen Entlastungsfragen":

Warum überhaupt?
Eliminieren!

❏ Ist es unbedingt notwendig, dieses Mandat anzunehmen, diesen Gerichtstermin selbst wahrzunehmen, diesen Schriftsatz selbst zu verfassen?

❏ Muß ich diesen unangemeldeten Mandanten wirklich empfangen, diesen Anruf wirklich entgegennehmen, diese telefonische Auskunft wirklich erteilen?

❏ Muß diese Besprechung wirklich sein? Gibt es andere Möglichkeiten?

➤ Gehen Sie sparsamer mit Ihrem Zeitkapital um, insbesondere bei weniger wichtigen Dingen!

❑ Kann dieses Mandat von einem anderen Mitarbeiter bearbeitet werden, kann diesen Schriftsatz ein anderer Mitarbeiter anfertigen, kann er für mich die Besprechung führen?

❑ Bin ich wirklich zuständig?

❑ Befasse ich mich da nicht mit Dingen oder Nebensächlichkeiten, die mich eigentlich gar nichts angehen sollten?

❑ Liegt evtl. der Versuch der Rückdelegation vor?

❑ Ist eine persönliche Terminwahrnehmung erforderlich, oder kann diese auf einen Kollegen übertragen werden?

❑ Muß die Besprechung mit einem Mandanten über vorgetragene Probleme persönlich stattfinden, oder kann dies telefonisch geklärt werden?

➡ Gehen Sie davon aus, daß Ihre Mitarbeiter qualifiziert sind und die ihnen übertragenen Aufgaben zu Ihrer Zufriedenheit erledigen. Prüfen Sie auch bei Terminwahrnehmungen und Sachbearbeitung, ob diese nicht sinnvoll zu delegieren sind.

❑ Muß die Mitarbeiterbesprechung jetzt stattfinden?

❑ Ist die Besprechung mit dem Mandanten dringend und unaufschiebbar?

❑ Lassen sich bestimmte Termine und Aktivitäten nicht verschieben oder zusammenfassen?

❑ Ist jetzt wirklich der beste Zeitpunkt (A-Aufgaben, Leistungskurve etc.)?

Diese Fragen schützen davor, durch verfrühte, falsch gewählte Zeitpunkte in Ihrer Arbeitsorganisation am Ende zuviel Zeit verloren zu haben.

➡ Arbeiten Sie in Ihrem Tagesplan mit Terminen, und versuchen Sie, auch Ihre Umwelt zeitlich zu fixieren und zu konkretisieren.

➡ Überprüfen Sie, ob sich ergebende Termine zum vorgesehenen Zeitpunkt rationell sind, sinnvollerweise verschoben oder mit anderen zusammengefaßt werden können.

❏ Ist - weitere - Korrespondenz sinnvoll, oder ist es nicht besser zu telefonieren, ohne eine Besprechung vorzuschlagen?

❏ Ist ein Schriftsatz zu konzipieren und zu fertigen, oder ist es nicht sinnvoller, etwa durch einen Referendar ein Votum zu Rechtsfragen erstellen zu lassen?

➡ Prüfen Sie vor Erledigung jeder Aufgabe, ob die Aufgabenerledigung in der üblichen und sich anbietenden Form rationell ist oder ob die Aufgabe nicht in anderer Weise rationeller erledigt werden kann.

➡ Stellen Sie Ihre gewohnte eingeschliffene Arbeitsweise immer wieder in Frage, und suchen Sie bei jeder Ausführung nach neuen, kreativen und rationellen Gestaltungsmöglichkeiten.

4.5 Zusammenfassung

❏ *Organisation und Durchführung* als Zeitmanagement-Funktion umfaßt die methodische und systematische Zusammenfassung Ihrer Aktivitäten und Energien in Richtung auf die gesetzten Ziele.

❏ Organisieren Sie Ihre Kanzlei nach einem *Gesamtkonzept* entsprechend den genannten Richtlinien.

❏ Berücksichtigen Sie bei Ihrer *Tagesgestaltung* die Schwankungen Ihrer täglichen physiologischen *Leistungsbereitschaft* (Normkurve), indem Sie Aufgaben auch nach Ihren individuellen Leistungshochs und -tiefs disponieren.

❏ Überprüfen Sie Ihren *persönlichen Arbeitsstil,* und entwickeln Sie diesen weiter, indem Sie immer wieder neue Anregungen, z.B. zum Abbau von Zeitfressern oder hinderlichen Gewohnheiten, aufgreifen und in Ihren Stil integrieren.

❏ Halten Sie ständig Ausschau nach neuen, besseren Möglichkeiten: *Es gibt immer einen einfacheren Weg, Dinge zu erledigen.*

5. Kontrollieren Sie die erbrachte Leistung

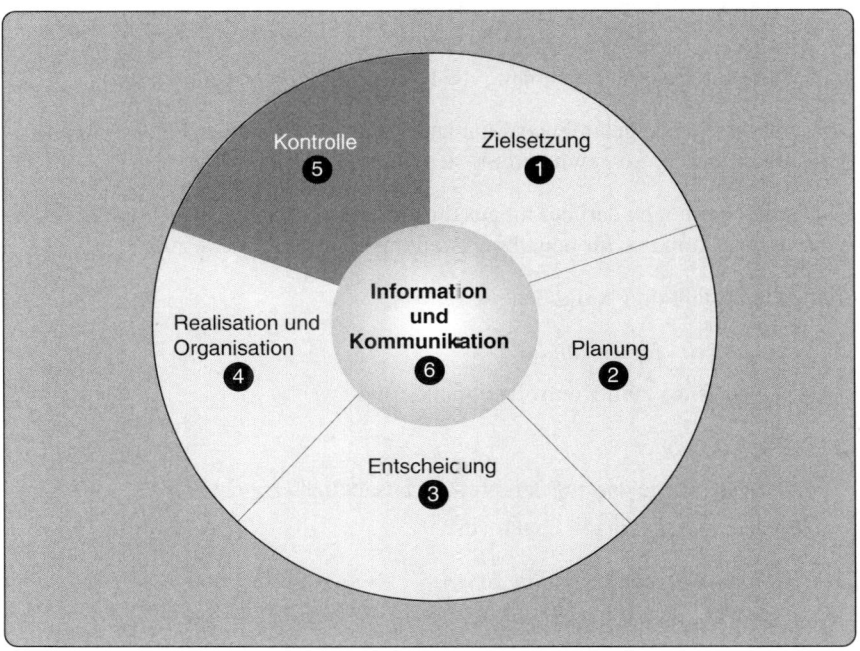

„... Kontrolle ist besser."

(Lenin)

5.1 Funktionen der Kontrolle

Anwälte sind es gewohnt, ihnen vorgegebene Fristen, insbesondere unaufschiebbare Notfristen, mit mehr oder weniger großem Zeitdruck zu erledigen. Es gehört aber noch nicht zum anwaltlichen Arbeitsverständnis, bei anderen Bereichen der Tätigkeit, also z.B. Aufgaben der Organisation oder des Marketings, zu kontrollieren, ob Ziele oder Pläne auch verwirklicht wurden.

> Jede Zielsetzung und Planung ist nur so gut wie ihre anschließende Realisierung und abschließende Kontrolle ihrer Einhaltung.

➤ Kontrollieren Sie regelmäßig die Realisierung Ihrer Zeitpläne!

Aus weniger gut abgelaufenen Mandaten und aufgetretenen Fehlern kann der Anwalt nur lernen: So gewinnen Sie neue *Erfahrungen.*

Kontrollen vermögen darüber hinaus die Arbeitsmotivation zu steigern *(Erfolgserlebnis)* und Impulse für neue Fragestellungen und Probleme zu geben.

Kontrolle umfaßt drei Aufgaben:

❑ *Erfassung des Ist-Zustandes:*

Was wurde bis zum Kontrollzeitpunkt erreicht?

❑ *Soll-Ist-Vergleich:*

Inwieweit wurde das angestrebte Ziel tatsächlich erreicht?

Welche Abweichungen liegen vor?

❑ *Einleitung korrektiver Maßnahmen:*

bei festgestellten Abweichungen.

Zeitpunkt, Dauer und Häufigkeit der Kontrollen hängen maßgeblich von der Art des zu bearbeitenden Mandates und dem gesetzten Ziel ab.

Während eine beratende und vertragsgestaltende Tätigkeit projektbezogen strukturiert werden kann, ist dies im Rahmen forensischer Tätigkeit nur bedingt möglich, z.B. wenn eine Vergleichslösung angestrebt wird. Jedenfalls muß der Prozeßanwalt die Kontrolldichte so gestalten, daß das Prozeßziel unter Beachtung der jeweils geltenden Prozeßordnung, insbesondere eventuelle Präklusionsvorschriften, erreicht werden kann, wobei gerichtliche Termine und Fristsetzungen den Arbeitsablauf zeitlich vorstrukturieren.

In jedem Falle kann zwischen

❑ Ablaufkontrollen und Tätigkeitskontrollen sowie

❑ Ergebniskontrollen (Zielkontrolle)

unterschieden werden.

5.2 Ablaufkontrollen

Überprüfen Sie Ihre Pläne und Arbeitsorganisation in regelmäßigen Abständen.

➤ Fragen Sie sich z.B. während eines Tages immer wieder, ob Sie

❑ nur an lohnenden oder notwendigen und wichtigen Aufgaben arbeiten (siehe S. 78 Zeiterfassung zur Honorarberechnung),

❑ die anstehenden Tätigkeiten nach ihrer Priorität in Angriff nehmen,

❑ die geplanten Aufgaben in der festgesetzten Zeit bewältigen,

❑ in ausreichendem Umfang delegiert haben, z.B. auch dringliche Aufgaben,

❑ kleinere Aufgaben, Telefonate, Diktate etc. zu einem Block zusammenfassen,

❑ alle weiteren Rationalisierungs- und Entlastungsmöglichkeiten ausgeschöpft haben,

❑ die persönlichen Störfaktoren und Zeitfresser „bekämpfen" etc.

➤ Führen Sie auch immer wieder in regelmäßigen Abständen eine *Tätigkeits- und Zeitanalyse* durch, und legen Sie ein *Tagesstörblatt* an, um Ihre persönliche Arbeitsmethodik zu kontrollieren und zu verbessern (vgl. die Formblätter in Kap. 0).

Die hierbei gewonnenen Erkenntnisse helfen Ihnen, unnötigen Zeitfressern wie lieb gewonnenen, aber hinderlichen Gewohnheiten auf die Spur zu kommen und Gegenmaßnahmen zu ergreifen.

Für diese schriftlichen Protokolle gibt es keine Alternativen. Sie wirken allein schon durch die Tatsache des bewußten Aufschreibens selbsterzieherisch!

Tätigkeits- und Zeitanalyse im Rahmen der Zeitmanagement-Funktion „Kontrolle" bedeutet, die Ist-Aufnahme über die Verwendung Ihrer täglichen und wöchentlichen Stunden mit der Soll-Vorgabe zu vergleichen.

1   Soll-Vorgabe *(Zielsetzung)*

➤ Schreiben Sie auf, was Sie an *wichtigen* (A-)Aufgaben erledigen würden, wenn Sie täglich 1 Stunde mehr an frei verfügbarer Zeit („Goldene Stunde") hätten:

1. _____

2. _____

3. _____

2   *Ist-Aufnahme Ihres Tätigkeits- und Zeitablaufes*

➤ Halten Sie in der Spalte „Ist-Zustand" alle Ihre periodisch wiederkehrenden Tätigkeiten Ihres Tages- und Wochenablaufes fest:

Das den Ist-Zustand bestimmende Arbeits- und Zeitprofil besteht aus folgenden Grundelementen:

❑ Wahrnehmung von Terminen

❑ Postbearbeitung

❑ Vorbereiten von Besprechungen und Terminen

❑ Diktate (insbesondere Fristsachen)

❑ Telefongespräche

❑ Sprechstunden/Besprechungen

❑ Verwaltungsaufgaben (Kanzleimanagement)

❑ Informationsverarbeitung (Literatur sichten)

❑ Akquisition/Mandantenpflege

❑ Privates (Zeit für Familie, Sport etc.).

IST-Zustand	IST-Zeit		SOLL-Zustand	SOLL-Zeit	
Auflistung der täglich und wöchentlich wiederkehrenden Tätigkeiten	(Std., Min.) tägl.	wöchtl.	Auflistung der Verbesserungsmöglichkeiten zur Zeiteinsparung	(Std., Min.) tägl.	wöchtl.

Dokumentieren Sie vorerst nur das „Was" (Tätigkeit) und „Wieviel" (Zeitaufwand), und untersuchen Sie erst im nächsten Schritt die Gründe und Einzelheiten.

3   *Erarbeitung des Soll-Zustandes*

➤ Analysieren Sie nun jede Tätigkeit des Ist-Zustandes auf Verbesserungsmöglichkeiten zur Zeiteinsparung:

Wenn nichts oder nur wenig passiert, kann diese Tätigkeit entsprechend gestrichen, delegiert oder in kürzerer Zeit erledigt werden.

➤ Notieren Sie diese Rationalisierungsmaßnahmen in der Rubrik „Soll-Zustand", und legen Sie auch hierfür vorgesehene neue Zeiten fest.

4   *Soll-Ist-Vergleich (Kontrolle)*

➤ Vergleichen Sie im letzten Schritt beide Seiten miteinander:

❑ Wieviel Zeit kann eingespart werden?
❑ Welche Zeitsparmaßnahmen sollen eingesetzt werden?
❑ Wie soll die gewonnene Zeit sinnvoll verwendet werden?

Überprüfen Sie laufend oder zumindest in regelmäßigen Abständen Ihren Tätigkeitsverlauf auf neue Entlastungsmöglichkeiten!

105

5.3 Ergebniskontrollen

Wer das Ergebnis seiner Arbeit nicht kennt, kann es nicht verbessern. Ohne Ziel ist jedes Arbeitsergebnis gleich richtig oder gleich falsch!

Die Kontrolle der Arbeitsergebnisse im Hinblick auf ihre Zielerreichung *(Zielkontrollen)* muß auf jeden Fall am Ende der Aufgabenerledigung *(Endkontrolle)* durchgeführt werden und darüber hinaus bei größeren Aufgaben auch in verschiedenen Zwischenstufen erfolgen *(Zwischenkontrollen)*.

➤ Kontrollieren Sie daher regelmäßig Ihre Jahres-, Monats-, Wochen- und Tagespläne.

➤ Denken Sie daran, daß Kontrollen ebenso wie die Aufgaben selbst frühzeitig genug einzuplanen und durchzuführen sind, um noch Steuerungs- und Korrekturmaßnahmen einleiten zu können!

➤ Wenn Sie hinterher nur ermitteln können, was falsch war, nützt dies für die betreffende Aufgabe gar nichts mehr!

Erstellen Sie bei komplexen Mandaten und Projekten eine Kontrolliste, und übertragen Sie die Daten (Termine) in Ihr Zeitplanbuch (oder die Wiedervorlage)!

Kontrolliste						
Nr.	Aufgabe Ziel	Datum Termin	SOLL-Werte	IST-Werte	Gründe für Abweichungen	Erledigung

Die Notwendigkeit und die Möglichkeiten der *Ergebnissteuerung und -kontrolle* sollten mindestens in drei Bereichen erfolgen:

106

Auch ein Anwalt sollte wie ein Unternehmer planen und rechnen und die Wirtschaftlichkeit der Mandatsführung beachten. Nicht die Zahl der Mandate, sondern das wirtschaftliche Ergebnis ist entscheidend. Dies läßt sich wie folgt feststellen:

❏ Die *Zahl der Mandate* ist leicht durch das Prozeßregister oder durch EDV-Auswertung zu erfassen.

❏ Eine rückläufige Entwicklung von Groß-Mandaten wird z.B. darauf hindeuten, daß der Mandant auch Aufträge an ein anderes Anwaltsbüro erteilt. Durch Kenntnis der Mandatszahlen *kann* gegengesteuert werden.

❏ Die Zahl der *Groß-Mandate* wird ermittelt durch Auswertung des Prozeßregisters. Empfehlenswert ist, für ständig vertretene Mandanten eine statistische Auswertung zu machen. Dies ist ohne großen Arbeitsaufwand zu realisieren durch Nutzung der statistischen Darstellung anhand der „Arbeitsblätter für neues Mandat".

❏ Die *Struktur der Mandate,* speziell nach Sachgebieten, hilft zu erkennen, wo sich Schwerpunkte der Praxis entwickeln oder auf welchem Gebiet die Inanspruchnahme der Kanzlei rückläufig ist. Ziel ist, die Zahl von Mandaten auf Sachgebieten zu fördern, in denen eine Spezialisierung und Ausweitung der Praxis angestrebt wird oder die wirtschaftlich interessant sind.

❏ Die Feststellung der *Durchschnittserlöse* pro Mandat und der jeweiligen Sachgebiete ist von besonderer Wichtigkeit zur Ermittlung der Rentabilität der Mandate in den einzelnen Sachgebieten. Hierzu wird folgende Vorgehensweise empfohlen:

Zur Ablage bestimmte Akten werden nach Sachgebieten gesammelt, bis eine genügend große Anzahl (ca. 20 bis 50) zur Auswertung zur Verfügung steht. Dann werden die in diesen Akten insgesamt angefallenen Gebühren addiert und durch die Zahl der jeweiligen Akten dividiert.

❏ Die *Laufzeit* der einzelnen Mandate zu den einzelnen Sachgebieten ist für das betriebswirtschaftliche Ergebnis wichtig. Bei langer Laufzeit hat der erzielte Gebührenertrag nicht den gleichen betriebswirtschaftlichen Wert wie bei einer kurzen Laufzeit. Die durchschnittlichen Bearbeitungszeiten zu den einzelnen Akten sind statistisch ebenso zu ermitteln wie die Durchschnittsgebühren.

❑ Die durchschnittlichen Laufzeiten werden durch *Auswertung* bei der Ablage der Akten ermittelt. Es wird wieder eine ausreichende Anzahl von Akten untersucht, indem der Zeitraum in Monaten zwischen dem Anlagedatum und dem Ablagedatum festgestellt wird. Die Zahl der Mandate wird addiert und durch die Zahl der einzelnen Akten dividiert. So ergibt sich die durchschnittliche Laufzeit.

Das Verhältnis zwischen Aktenzahl, Sach- und Arbeitsaufwand sowie Umsatz einer Rechtsanwaltskanzlei mit ca. 2.000 neuen Akten pro Jahr ergibt sich aus der nachstehenden Übersicht:

Rechtsgebiete	Akten		Briefe	Telefonate		Umsatz
	absolut	relativ	abg.	abg.	ank.	(DM)
Verkehrsunfall-sachen	210	10,5%	4100	500	1850	117.000,-
Mahnwesen/Zwangs-vollstreckung	530	26,5%	5.800	700	1.500	152.000,-
Bußgeldsachen	90	4,5%	1000	180	650	44.000,-
Strafsachen	130	6,5%	1600	1200	1700	69.000,-
Ehe- und Familien-sachen	180	9%	3900	1300	4500	186.000,-
Zivilsachen	440	22%	7100	900	1500	273.000,-
Öffentliches Recht	50	2,5%	1200	200	900	26.000,-
Arbeits-/Sozial-rechtssachen	90	4,5%	1500	360	1600	82.000,-
Notariat	280	14%	1100	750	1350	171.000,-
Summe	2000	100%	27300	6090	15500	1.120.000,-

Quelle: *Mähler,* Effektive Organisation und moderne Kommunikation in der Anwaltskanzlei, Verlag Dr. Otto Schmidt 1989, S. 69.

Als durchschnittliche Bearbeitungszeiten für einzelne Bereiche wurden folgende Werte ermittelt:

Sachgebiete	Durchschnittl. Laufzeit
Unfallsachen	8 Monate
Mahnsachen	22 Monate
Arbeitsrechtssachen	13 Monate
Sozialrechtssachen	19 Monate
Zivilsachen	
- gerichtlich abhängig	23 Monate
- außergerichtlich	9 Monate
Straf-, OWi-Sachen	6 Monate
Beratungssachen	4 Monate

Quelle: *Buschbell,* Zeit- und Selbstmanagement für Rechtsanwälte, in: Beck´ sches Rechtsanwalts-Handbuch 1993/94, Beck 1993, K VI., S. 1415.

(2) Effizienz der Mitarbeitertätigkeit

❑ Das Verhältnis der Angestelltenzahl zum *Umsatz* ist von besonderer Wichtigkeit für das betriebswirtschaftliche Ergebnis. Außer Betracht bleibt in diesem Zusammenhang der Umsatz pro Anwalt. Je höher die Umsatzerlöse sind und je mehr die Personalkosten gesenkt werden können, um so günstiger ist die Relation.

❑ Die Effizienz der Tätigkeit *nichtjuristischer Sachbearbeiter* bei der Bearbeitung von Spezialmandaten wird häufig falsch eingeschätzt. Routineaufgaben und juristisch einfach und gleichartig gelagerte Sachverhalte bzw. Mandate, speziell zum Bereich Mahn- und Zwangsvollstreckung und evtl. auch zum Bereich Unfallschadenbearbeitung, können durch nichtjuristische Sachbearbeiter erledigt werden.

Hier müssen Erfahrungswerte und erzielte Ergebnisse beachtet werden. In einem Gutachten, das über eine Organisationsberatung in Abstimmung mit dem Institut der Anwaltschaft für Büroorganisation und Bürotechnik des DAV erstellt wurde, ist zu den Kosten eines Vollstreckungsfalles festgestellt worden:

● Mit 1000 Mandaten zum Bereich Mahn- und Zwangsvollstreckung ist die Jahreskapazität einer Kraft gebunden.

● Bei angenommenen durchschnittlichen Personalkosten von 45.000 DM p.a. ergibt sich somit ein Personalkostenanteil je Mahn- und Vollstreckungsfall in Höhe von 45 DM.

● Zur Abdeckung der sonstigen Kosten ist ein gleich hoher Betrag erforderlich, da die Personalkosten des Bürobetriebes und die Sachkosten in Anwaltskanzleien etwa gleich hoch sind.

● Somit belaufen sich die Vollstreckungskosten für einen Mahn- und Vollstreckungsfall auf 90 DM - ausschließlich eines nicht berücksichtigten kalkulatorischen Unternehmerertrages.

Empfehlenswert ist somit die Ermittlung des durchschnittlichen Ertrages von Vollstreckungsmandaten eines bestimmten Auftraggebers, um auf dieser Grundlage den betriebswirtschaftlichen Nutzen und das Ergebnis herauszulesen.

(3) Betriebsergebnis

Anwälte kennen häufig die betriebswirtschaftlichen Zahlen ihrer Kanzlei nicht hinreichend, obwohl sie neben der juristischen Qualifikation über den Erfolg entscheiden. Der Aufwand bzw. die Kosten einer Anwaltspraxis stellt sich dar, wie auf der folgenden Seite abgebildet.

Für den betriebswirtschaftlich denkenden Anwalt stellt sich die Aufgabe, die Kostenstruktur seiner Praxis zu analysieren und bei ungünstigen Zahlen den Aufwand entsprechend zu steuern, um zu einem günstigeren Ergebnis zu kommen.

❑ Es bietet sich zunächst an, das Verhältnis der Gebührenerlöse zu den Strukturen und durchschnittlichen Erlösen der Mandate zu analysieren. Anhand der Durchschnittswerte ist zu klären, ob die Zahl der Mandate ausreicht oder ein nicht zufriedenstellendes Ergebnis an der Struktur der Mandate, den durchschnittlichen Erlösen oder auch den Laufzeiten liegt.

❑ Ein wichtiges und wenig genutztes Mittel, Erlöse und damit Produktivität zu steuern, ist die Erfassung der *Ausgangsrechnungen*. Diese können durch Kopie festgehalten und ausgewertet werden. Bei der Buchung per EDV müßte durch Einsatz eines Statistikprogramms die Erfassung der Ausgangsrechnungen durch entsprechende Protokolle möglich sein. Für jeden Anwalt und nichtjuristischen Sachbearbeiter sollte es selbstverständlich sein, seine *Produktivität* anhand von Ausgangsrechnungen periodisch zu kontrollieren.

❑ Die Steuerung von Ausgaben, Gebührenerlösen sowie Liquidationen bzw. *Ausgangsrechnungen* läßt sich durch deren *grafische Darstellung* optimieren. Dies ist in Wirtschaftsunternehmen selbstverständlich und sollte auch in Anwaltskanzleien zur Verbesserung der betriebswirtschaftlichen Ergebnisse eingesetzt werden.

110

Jahresabschluß 1994

gebildet aus den Durchschnittszahlen aller Kanzleien des Rechenzentrums der Hans Soldan GmbH

Bezeichnung	Kanzlei mit 1 Anwalt			Kanzlei mit 2 Anwälten			Kanzlei mit 3 Anwälten			Kanzlei mit 4 Anwälten		
	Kosten	% von Kosten	% von Erlösen	Kosten	% von Kosten	% von Erlösen	Kosten	% von Kosten	% von Erlösen	Kosten	% von Kosten	% von Erlösen
Personalkosten ohne Ref. u. Jur. Mitarb.	75.277,67	35,6	21,9	123.232,57	37,6	21,7	145.781,77	30,8	14,9	215.039,64	40,1	19,9
Gehälter für Ref. u. Jur. Mitarb. (Kontenklasse 4000-4199)	12.268,94	5,8	3,6	21.601,72	6,6	3,8	47.195,57	10,0	4,8	23.917,60	4,5	2,2
Raumkosten (Kontenklasse 4200-4299)	20.421,83	9,7	5,9	30.982,43	9,5	5,5	49.836,87	10,5	5,1	46.116,82	8,6	4,3
Variable Kosten (Kontenklasse 4300-4399)	1.391,91	0,7	0,4	0,00	0,0	0,0	556,15	0,1	0,1	0,00	0,0	0,0
Variable Kosten (Kontenklasse 4400-4599)	595,92	0,3	0,2	0,00	0,0	0,0	0,00	0,0	0,0	0,00	0,0	0,0
Kraftfahrzeugkosten (Kontenklasse 4600-4699)	8.508,52	4,0	2,5	11.026,61	3,4	1,9	14.702,30	3,1	1,5	13.727,55	2,6	1,3
Repräs.- u. Reisekosten (Kontenklasse 4600-4699)	3.509,74	1,7	1,0	6.496,70	2,0	1,1	11.876,14	2,5	1,2	6.435,27	1,2	0,6
Allgemeine Bürokosten (Kontenklasse 4700-4799)	34.519,47	16,3	10,0	49.514,02	15,1	8,7	68.446,73	14,5	7,0	70.906,72	13,2	5,6
Abschreibungen (Kontenklasse 4800-4899)	3.360,76	1,3	1,0	3.835,06	1,2	0,7	7.705,73	1,6	0,8	12.457,52	2,3	1,2
Berufs- u. Vers.-Beiträge (Kostenklasse 4900-4999)	7.626,31	3,6	2,2	11.451,57	3,5	2,0	14.131,75	3,0	1,4	14.500,72	2,7	1,3
Kosten	167.481,57	79,2	48,7	258.140,98	78,8	45,4	360.233,01	76,1	36,8	403.101,84	75,1	37,4
Vorsteuerkonto 1500	9.358,39	4,4	2,7	13.155,87	4,0	2,3	19.977,72	4,2	2,0	23.268,65	4,3	2,2
MwSt-Zahlungen Konto 1510	34.641,60	16,4	10,1	58.160,42	17,2	9,9	93.151,52	19,7	9,5	110.081,96	20,5	10,2
= Gesamtsumme Kosten	211.481,58	100,0	61,4	327.457,27	100,0	57,6	473.362,25	100,0	48,4	536.452,45	100,0	49,8
Erlöse	300.897,42	142,3	87,4	497.042,79	151,8	87,4	862.439,25	182,2	88,2	942.202,10	175,6	87,4
MwSt-Konten 1501-1503	43.355,38	20,5	12,8	71.784,00	21,9	12,6	115.129,88	24,3	11,8	135.997,16	25,4	12,8
= Gesamtsumme Erlöse	344.252,78	162,8	100,0	568.626,79	173,7	100,0	977.569,13	206,5	100,0	1.078.199,26	201,0	100,0
= Gewinn	132.771,22	63,1	38,8	241.369,52	73,0	42,0	504.206,88	106,1	51,4	541.746,81	100,0	50,0

➤ Ermitteln Sie die Zahl der Mandate, Mandatsstrukturen, durchschnittliche *Erlöse* sowie durchschnittliche Laufzeiten.

➤ Prüfen und verbessern Sie die Effizienz der *Mitarbeitertätigkeit* anhand der Mitarbeiterzahl im Verhältnis zum Umsatz.

➤ Prüfen Sie das *Betriebsergebnis,* und versuchen Sie, durch Erfassung der Ausgaben Erlöse und Ausgangsrechnungen zu optimieren.

➤ Versuchen Sie, nicht zufriedenstellende Ergebnisse zu optimieren; minimieren Sie die Ursachen für die mangelnde Rentabilität.

➤ Analysieren Sie die Ausgaben, und steigern Sie die Erlöse, indem Sie die Ausgangsrechnungen erfassen und die Produktivität ermitteln.

5.4 Controlling in der Anwaltspraxis

Übertragen Sie die Erkenntnisse eines vereinfachten Controllings auch auf Ihre Anwaltspraxis:

Sicher haben Sie, z.B. gemeinsam mit Ihrem Steuerberater, einen *Wirtschaftsplan* für Ihre Kanzlei erstellt, der zum einen

❑ die geplanten monatlichen Kosten und zum anderen - basierend auf Ihren Lebenszielen -

❑ Ihren persönlichen monatlichen Zeiteinsatz und Ihren persönlichen monatlichen Finanzbedarf

beinhaltet. Auf dieser Grundlage können Sie nun leicht errechnen, welchen *persönlichen Stundenumsatz* Sie benötigen - auch bei günstiger Kostenstruktur dürfte dieser mit an Sicherheit grenzender Wahrscheinlichkeit nicht unter 300 DM, eher höher liegen.

Hiervon ausgehend, sollten Sie bei jedem Mandat - spätestens bei der Beendigung, besser noch bei der Annahme und vor allem bei der Bearbeitung - prüfen, ob überhaupt eine *Kostendeckung* erreicht wird. Dies wird Sie wahrscheinlich zu dem Ergebnis führen, daß Zivilrechtsstreitsachen unter einem Streitwert von 5.000 DM selten wirtschaftlich sind und eigentlich nur auf der Basis von Honorarvereinbarungen „vernünftig" bearbeitet werden können. Ein wirtschaftlich denkender Mandant wird dies bei einer entsprechenden Erklärung auch akzeptieren; auf andere Mandate sollten Sie nach Möglichkeit verzichten.

Sicher kennen Sie viele Rechtsanwälte, die über einen sehr guten Mandantenstamm verfügen und auf hervorragende Mitarbeiter zurückgreifen können; gleichwohl haben sie finanzielle Schwierigkeiten, obwohl sie arbeitsmäßig mehr ausgelastet sind. Die Ursache liegt häufig darin, daß man dem Abrechnen (mindestens eine B-Aufgabe) nicht genügend Zeit einräumt und deshalb erst von der Bank hierzu gedrängt wird. Beugen Sie dem vor, indem Sie mindestens wöchentlich, besser noch täglich ausreichend Zeit für die Abrechnung einplanen und vor allem auch kontrollieren, ob der entsprechende geplante Rechnungsausgang auch im jeweiligen Planungszeitraum erreicht wird.

Die Erkenntnis, den lebensnotwendigen Bereich der *Wirtschaftlichkeit* einer Kanzlei ausreichend berücksichtigt zu haben, vermittelt Ihnen eine enorme Beruhigung.

5.5 Tagesrückschau (Selbstkontrolle)

Am Ende des Arbeitstages sollten im Rahmen des *Zeitmanagement* nicht nur die bloße Erfüllung der Arbeitsaufgaben, sondern auch die persönliche Situation kontrolliert und reflektiert werden.

➤ Überprüfen Sie rückschauend, was gut gelaufen ist bzw. was hätte besser gemacht werden können!

Benutzen Sie dafür als mnemotechnisch einfache und hervorragende Nachbereitungsmöglichkeit die *5-Finger-Methode* oder *Handformel,* die sich an den Anfangsbuchstaben der Finger orientiert:

❑ *D*(aumen)
➤ Denkergebnisse: Welche Erkenntnisse, Erfahrungen habe ich heute gemacht?

❑ *Z*(eigefinger)
➤ Zielerreichung: Was habe ich heute geschafft und geleistet?

❑ *M*(ittelfinger)
➤ Mentalität: Wie war heute meine vorherrschende Stimmung, Gemütslage?

❑ *R*(ingfinger)
➤ Ratgeber, Hilfe: Womit habe ich anderen geholfen, gedient, diese erfreut und gefördert?

❑ *K*(leiner Finger)
➤ Körper, Kondition: In welcher körperlichen Verfassung war ich heute? Was habe ich heute für meine Kondition und Gesundheit getan?

Suchen Sie nach täglich wiederkehrenden Situationen, wo Sie diese Formel anwenden können, z.B. auf der Heimfahrt im Auto, beim Warten auf die S-Bahn.

Wenn Sie wollen, können Sie abschließend jeden einzelnen Tag - als Ganzes oder in Teilabschnitten - mit einer Note bewerten und in Ihrem Zeitplanbuch festhalten.

So betonen Sie die Qualität und den Wert, den dieser Tag für Ihr Leben hatte *(positive Lebensführung)*. Dies hat positive Wirkungen auf Ihre Erfolgsfähigkeit.

5.6 Qualitätsmanagement - TQM - Zertifizierung

In der Anwaltschaft wächst mehr und mehr die Erkenntnis und das Bewußtsein, daß auch ein Anwalt sich als *Unternehmer* verstehen muß.

Nicht nur die fachlichen Anforderungen in unserem Beruf wachsen, sondern der Markt der Rechtsberatung ist auch wegen des Zustroms junger Rechtsanwälte einem zunehmenden *Wettbewerb* ausgesetzt. Dies bedingt die Gefahr eines sinkenden Pro-Kopf-Umsatzes, verbunden mit einem verstärkten Einkommens- und Kostendruck.

In dieser Situation kommt es für den Anwalt darauf an, sich eine Wettbewerbsposition zu sichern. Diese ist aber nicht alleine abhängig von den juristischen Fähigkeiten, sondern hauptsächlich von der dauerhaften Zufriedenheit der Mandanten und den daraus erwachsenden Empfehlungen.

Bei den Rechtsuchenden entsteht immer mehr ein Gefühl für die Unterschiede zwischen „guter" und „schlechter" Rechtsberatung. Diese Einordnung ist verbunden mit der Frage, worin eigentlich die *„Qualität" anwaltlicher Tätigkeit* oder Rechtsberatung besteht.

Angesichts dieser Entwicklung sind die Begriffe

❑ Qualitätsmanagement

❑ TQM (Total Quality Management) und

❑ Zertifizierung

zu einem aktuellen Thema in der Anwaltschaft geworden.

Inhalte und Folgerungen daraus sind eine Fortsetzung des Themas effizienter Kanzleiorganisation bzw. notwendiger Qualitätskontrolle.

Nach internationaler Definition ist *Qualität*

➤ die Gesamtheit von Merkmalen einer Einheit bezüglich ihrer Eignung, festgelegte und vorausgesetzte Erfordernisse zu erfüllen.
(Vgl. Deutscher Anwaltverein, TQM - DAV-Leitfaden, S. 15; vgl. ISO 8402.)

Für den Anwalt bestimmt der *Mandant*, gleichsam als Kunde, die Qualität.

Gemessen an objektiven Anforderungen an einen Rechtsanwalt kann damit die *Qualität anwaltlicher Tätigkeit* definiert werden als

➤ die Fähigkeit eines Rechtsanwaltes, einen vom Mandanten erteilten Auftrag unter Berücksichtigung der Erwartungen des Mandanten auf einem bestimmten Anforderungsniveau durchzuführen.
(Vgl. Deutscher Anwaltverein, TQM - DAV-Leitfaden, S. 19.)

Die Anforderung, alle Erwartungen des Mandanten zu erfüllen, erfordert Total Quality Management (TQM).

TQM geht über umfassende Qualitätserwartungen hinaus und bietet die Chance, sämtliche Qualitätselemente der Arbeit des Rechtsanwaltes zu optimieren.

Erstes Qualitätselement ist die *juristische Kompetenz*, verbunden mit der Notwendigkeit für den Anwalt, sich in fachlicher Hinsicht auf einzelne Rechtsgebiete zu beschränken, d.h. zu *spezialisieren*, um das heute erwartete Maß an Qualität erfüllen zu können. (Vgl. Deutscher Anwaltverein, TQM - DAV-Leitfaden, S. 21)

TQM beinhaltet darüber hinaus einen *ständigen Verbesserungsprozeß* durch

❑ Spezialisierung und eine dauerhafte Fortbildungsstrategie, auch für Mitarbeiter der Kanzlei,

❑ Schaffung von Zufriedenheit der Mitarbeiter,

❑ optimale Kommunikation zwischen Anwalt und Mandanten sowie Schaffung dauerhafter Mandantenzufriedenheit,

❑ ständige Verbesserung der organisatorischen und bürotechnischen Abläufe und schließlich

❑ Führung der Kanzlei als wirtschaftlich erfolgreiches Unternehmen.
(Vgl. Deutscher Anwaltverein, TQM - DAV-Leitfaden, S. 21.)

TQM ist nicht Selbstzweck, sondern muß in den Ablauf der Kanzlei und in die anwaltliche Tätigkeit umgesetzt werden.

Die Umsetzung wiederum erfolgt durch die Ausrichtung der Kanzlei auf die *ISO 9000-Zertifizierung* mit dem Ziel einer kontinuierlichen Qualitätsverbesserung. (Vgl. DAV-Leitfaden, aaO, S. 27.)

Zertifizierung nach ISO 9000

Die Zertifizierung einer Kanzlei erfolgt nach *Normen*, die auf die Schaffung eines Qualitätssicherungs- bzw. Qualitätsmanagementsystems ausgerichtet sind. Diese Normen wiederum verlangen

❑ die Definition, wie die Qualitätspolitik der Kanzlei geführt wird,

❑ die Festlegung der Aufbau- und Ablauforganisation sowie

❑ die Festlegung der Verantwortung für das Qualitätsmanagementsystem. (Vgl. DAV-Leitfaden, aaO, S. 56.)

Die Umsetzung und Erreichung der Zertifizierung erfordert eine auf die ständige Qualitätsverbesserung und Qualitätssicherung ausgerichtete *Strategie*. Diese wiederum sollte, quasi als „Checkliste", definiert werden. (Vgl. DAV-Leitfaden, aaO, S. 57.)

Für die *Qualitätssicherung* einer Anwaltskanzlei ist TQM ein geeignetes System, unabhängig davon, ob eine Zertifizierung angestrebt wird und erfolgt. Die Zertifizierung ist aber ein geeigneter Anreiz, sich den Herausforderungen zu stellen, die ein Qualitätsmanagement in der Anwaltskanzlei im Sinne von TQM erfordert.

In der Zukunft wird sich die Anwaltschaft den Erwartungen des Marktes hinsichtlich TQM und einer Zertifizierung stellen müssen. (Vgl. auch DAV-Vorstandsbeschluß vom 18.2.1997, abgedr. in: DAV-Leitfaden, aaO, Anhang, Anlage I, S. 185 f.)

Fazit

➡ Seien Sie offen für Qualitätsmanagement mit dem Ziel einer Fortentwicklung zu TQM!

➡ TQM ist nicht Selbstzweck, sondern sollte praktisch umgesetzt werden, möglichst durch Zertifizierung.

➡ Informieren Sie sich über die Wege zu einem erfolgreichen Qualitätsmanagement (TQM) und zur möglichen Zertifizierung Ihrer Kanzlei!

6. Optimieren Sie Ihre Kommunikation und Information

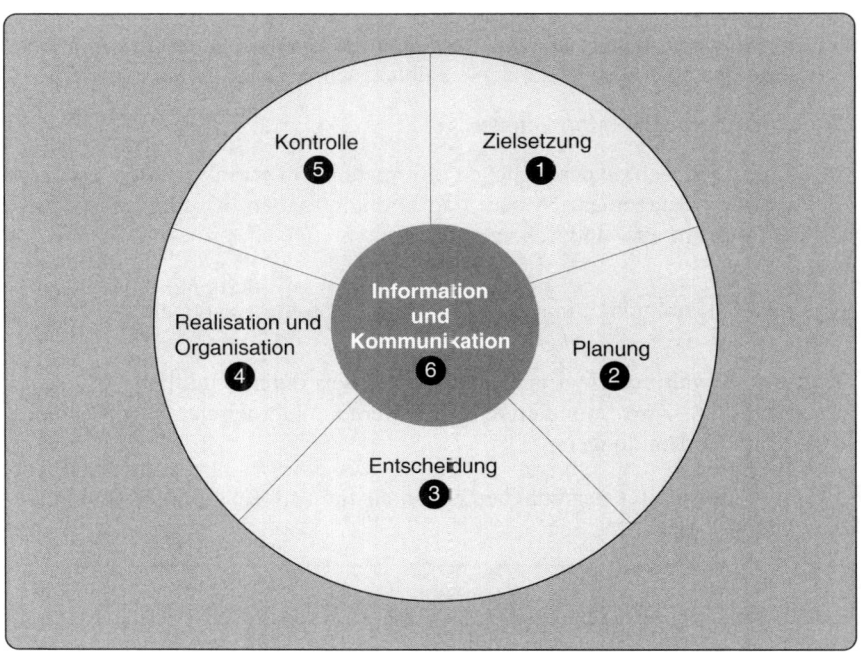

„Mach's gleich - mach's verkehrt - mach's nochmal!"

(Ein Seminarteilnehmer)

6.1 Bedeutung von Information und Kommunikation

Information und Kommunikation bilden die Schlüsselfunktion für jeden Führungs- und (Zeit-)Managementprozeß. Sie sind also die Grundlage jedes menschlichen Daseins und speziell des sozialen Systems.

> **Information ist die Grundlage jeder Tätigkeit.**

Für den Anwalt sind dies Informationen

❑ zu seiner beruflichen Tätigkeit allgemein (berufspolititsche Informationen und solche über neue Wege der Ausübung seiner Tätigkeit etc.) sowie

❑ mandatsbezogene Informationen.

➤ Damit Sie nicht in der täglichen Informationsflut ertrinken, sollte Ihr Informationsmanagement System und Ordnung haben, nämlich in Richtung auf Ihre Arbeits- und Lebensziele.

> **Kommunikation ist der Austausch von Informationen.**

Auch der Anwalt verbringt analog zum Manager durchschnittlich 80% seiner Zeit mit Lesen, Korrespondieren, Telefonieren, Wahrnehmen von Terminen, Führen von Verhandlungen.

➤ Wie groß ist Ihr persönlicher Zeitanteil für „Information und Kommunikation"?

> Zeitanteil: %

➤ Analysieren Sie unter diesem Aspekt einmal Ihre Tagesprotokolle (Tätigkeits- und Zeitanalyse).

Trotz allen Aufwandes sind jedoch *rund 50%* der umlaufenden Informationen überflüssig - doch welche Hälfte?

➤ Finden Sie ein System zur Unterscheidung der relevanten und nicht relevanten Informationen und zu ihrer rationellen Verarbeitung.

6.2 Rationelle Korrespondenz

Durch rationelle Korrespondenz - dem häufigsten Medium der anwaltlichen Kommunikation und Information - kann die Arbeit erleichtert und Zeit gewonnen werden.

Die folgenden Hinweise sollen Sie dazu anregen, diese C- und B-Aufgaben zeitökonomischer zu bewältigen:

(1) Rationelle Bearbeitung der Eingangspost

Für den Anwalt ist die schnellstmögliche, rationelle und sichere Bearbeitung der täglich eingehenden Post besonders wichtig.

1. Lassen Sie sich nur die *Eingangspost* vorlegen, die für Sie von Bedeutung ist, und verzichten Sie auf sämtliche „Routinepost"!

2. Lassen Sie sich die Eingangspost vorsortiert (z.B. nach Prioritäten) in *Ordnermappen* vorlegen.

3. Veranlassen Sie, daß Ihnen zu Eingangsbriefen die bereits vorhandene *Handakte* als Unterlage beigelegt wird.

4. Befördern Sie direkt in den *Papierkorb,* was ohne Informationswert ist, nicht bearbeitet oder aufgehoben werden muß.

5. Markieren Sie beim Lesen eines Briefes sofort mit einem Leuchtstift alle wichtigen *Textstellen,* um Ihnen und anderen die nachfolgende Bearbeitung zu erleichtern.

6. Versehen Sie einen Brief sofort mit *Bearbeitungsvermerken,* z.B. Antwort-Stichworten, Erledigungstermin, Bearbeiter, Verteiler, Ablage o.ä. Verwenden Sie hierfür normierte Vordrucke.

7. Leiten Sie Eingangsschreiben, die von einer *anderen Stelle* bearbeitet werden müssen oder sollen, sofort an diese weiter.

8. Erledigen Sie einen *Eingangsbrief,* wann immer dies möglich ist, sofort, also während der Postdurchsicht (s.u.).

9. Bemühen Sie sich dabei, *kein Schriftstück* zu bearbeiten (z.B. zu lesen), ohne damit nicht irgend etwas zu tun, zu veranlassen, eine Maßnahme zu ergreifen etc.

Ziel sollte sein:

> Nehmen Sie jedes Papier/jeden Vorgang möglichst nur einmal in die Hand!

10   Richten Sie sich einen dreistufigen *Postkorb* mit folgenden Fächern ein:

❏   Soforterledigung

❏   Wiedervorlage

❏   Ablage

Rationelle Bearbeitung neuer Mandate

Wenn Sie von Ihrem Mandanten umfassende Unterlagen erhalten, lesen Sie diese Akte nicht planlos. Versuchen Sie - soweit nicht im Gespräch ohnehin geschehen - auch aus der Korrespondenz sofort die Zielsetzung (1. Schritt) des Mandanten zu erkennen, und befassen Sie sich - vor dem Weiterlesen - dann sofort mit der in Betracht kommenden Anspruchsgrundlage, deren Einzelvoraussetzung Sie gleichzeitig notieren sollten.

Lesen Sie die Korrespondenz dann gezielt im Hinblick auf die Anspruchsvoraussetzung, und machen Sie die Notizen an der geeigneten Stelle Ihres Entwurfsblattes; im Normalfall wird es nicht notwendig sein, die gesamte Akte intensiv und überhaupt mehr als einmal durchzulesen. Nehmen Sie bewußt Abstand von der Überlegung: „Erst einmal lesen, dann werde ich schon sehen!"

(2) Rationelle Erledigung der Korrespondenz (Ausgangspost)

> Erledigen Sie so wenig wie möglich durch die Post.

Angelegenheiten, die durch Telefonate und Besprechungen einfacher geregelt werden können, sollten ohne langandauernde und unwirtschaftliche Korrespondenz erledigt werden.

❏   *Routinekorrespondenz* sollte auf qualifizierte Mitarbeiter delegiert werden.

❏   Vereinfacht erledigt werden kann die Korrespondenz durch *Stichwortdiktat* an ein qualifiziertes Sekretariat.

❑ Bei der unvermeidbaren Korrespondenz, d.h. der Erstellung von *Schriftgut,* sollte rationell vorgegangen werden.

Der Verfasser sollte vor dem Diktat das zu erstellende Schriftgut inhaltlich durchdenken und konzipieren. Die zu erstellende Korrespondenz sollte klar, übersichtlich und nach Themenbereichen geordnet sein, ggf. in Absprache mit dem Korrespondenzpartner.

Auch Ihre Geschäftspartner werden - ebenso wie die Justiz und die gegnerischen Anwälte - dankbar sein, wenn sie schnelle und rationelle Korrespondenz erhalten. Darüber hinaus sprechen kaufmännische Erwägungen für diese Überlegung, denn jede überflüssige Zeile kostet Sie etwa 3 DM, jede überflüssige Seite etwa 50 DM; wenn täglich eine Seite Überflüssiges erstellt wird, summieren sich die Kosten leicht auf mehr als 10.000 DM pro Jahr. Dies ist sicherlich auch ein Grund, weshalb sich viele Anwälte über die mangelnde Wirtschaftlichkeit ihrer Kanzlei wundern.

Die folgenden Anregungen sparen Ihnen jedenfalls „nur" Minuten, addieren sich aber im Laufe eines Jahres auf unzählige Stunden.

(1) Überschriften erleichtern das Verständnis

Versetzen Sie sich vor der Anfertigung jedes Schriftstückes in die Situation Ihres Empfängers, und konzentrieren Sie sich auf das, was ihm - und nicht Ihnen - wesentlich erscheint!

Die wesentlichen Punkte der Anspruchsgrundlage sollten zugleich die Überschriften der einzelnen Abschnitte Ihres Briefes darstellen.

(2) Urteilsstil - auch ein Mittel für Rechtsanwälte

Denken Sie bei allen wesentlichen Schrifsätzen an das Gericht (also vor allem bei Klagen, Klageerwiderungen, Berufungen, Berufungserwiderungen) über die Vorteile des Urteilsstils intensiv nach. Sie bewirken dadurch nämlich zweierlei: Zum einen freut sich der Richter, daß Sie ihm seine Arbeit, nämlich das Verfassen eines Urteils, sehr wesentlich erleichtern. Zum anderen dient ein solcher Stil auch der Selbstkontrolle, weil die Gefahr, möglicherweise unter Zeitdruck rechtlich relevante Aspekte zu übersehen, praktisch nicht mehr besteht. Spätestens im Rahmen einer sorgfältigen rechtlichen Würdigung stellen Sie fest, ob Ihr Sachvortrag ausreichend war.

Beginnen Sie auch in diesem Zusammenhang Ihre Überlegungen mit der Prüfung der in Betracht kommenden *Anspruchsgrundlagen;* spätestens der Blick in einen Handkommentar gibt Ihnen dann zunächst die Gliederung des Sachverhaltes vor.

Im zweiten Teil Ihres Schriftsatzes, der rechtlichen Würdigung, gehen Sie nach dem „Obersatz" mit Angabe der Anspruchsgrundlage nur noch auf die wesentlichen Rechtsfragen ein. Nach sorgfältiger rechtlicher Prüfung entscheiden Sie, welche Bereiche entsprechend Ihrem *Sachvortrag* selbstverständlich sind und nicht zusätzlich dargestellt werden müssen.

Denken Sie bei umfangreichen Schriftsätzen an die Voranstellung eines *Inhaltsverzeichnisses,* um dem Richter das Aufsuchen der für ihn bedeutsamen Passagen zu erleichtern.

In den folgenden Schriftsätzen wird es im Regelfall nicht mehr notwendig sein, den Urteilsstil fortzuführen; vielmehr dürfte es allen Beteiligten die Lektüre und das Verständnis erleichtern, wenn Sie nur noch auf die wesentlichen Aspekte, die allerdings durch Überschriften und entsprechende Numerierungen herausgestellt sind, eingehen.

(3) Rationelles Korrespondieren durch Sofort-Antworten

Die Korrespondenz ist die „Visitenkarte" jedes Anwalts. Bei Mandanten und Geschäftspartnern, die mehr Wert auf Rationalität und Schnelligkeit als auf Ästhetik legen, können Sie dennoch die Antwort handschriftlich auf dem Eingangsbrief notieren. Versehen mit Datum und Unterschrift schicken Sie das *Original* an den Absender zurück *(Kopie* für Ihre Akten). Oft genügt schon „Einverstanden" oder „O.K.", um eine Anfrage zu beantworten.

Die positive Wirkung dieses Zeitspareffektes können Sie durch einen Aufkleber oder Stempel noch zusätzlich unterstützen.

(4) Rationelles Korrespondieren durch fachgerechtes Diktieren

➤ Benutzen Sie das *Phono-Diktat* anstelle des althergebrachten Steno-Diktats. Im letzeren Falle wird die Zeit von zwei Personen gleichzeitig blockiert; während Sie nämlich den zweiten Brief diktieren, kann bei Diktataufzeichnung der erste bereits geschrieben werden.

➤ Nutzen Sie Leerlauf- und Wartezeiten (in Auto, Bahn, Flugzeug etc.) für Kurzdiktate.

➤ Prüfen Sie die Möglichkeit des Stichwort-Diktats (Verfasser diktiert nur wenige Stichworte, Sekretärin formuliert den Text selbst) als Alternative zum Volltext-Diktat.

➤ Fassen Sie auch kurze Diktate, besonders wenn sie weniger wichtig sind, zu Aufgabenblöcken zusammen.

Zusammenfassung

➤ Fragen Sie sich vor jedem Diktat und jedem Korrespondenzvorgang, welchen Zweck oder welches Ziel Sie mit dieser Arbeitstätigkeit erreichen wollen!

➤ Überlegen Sie sich immer vorher, was Sie dem anderen mitteilen wollen.

Postbearbeitung durch EDV-gestützte programmierte Textverarbeitung.

Gedanken zur Dokumentation in Schriftgut zu fassen ist eine der wichtigsten Aufgaben des Anwalts.

Bei allem Respekt vor der geistig-schöpferischen Tätigkeit eines besonders qualitativ arbeitenden Anwaltes muß doch gestattet sein, die Realität festzustellen:

❑ Die Hälfte des anwaltlichen Schriftgutes besteht in sich wiederholenden Texten,

❑ und nur die andere Hälfte ist individuelle, fallbezogene Sachbearbeitung, d.h. individuelles Schriftgut.

Diese Erfahrung und Feststellung beruht auf eingehenden Beobachtungen und Überprüfungen sowie Forschung.

Die wichtigsten Erfordernisse bei der Diktaterledigung sind

❑ die Vermeidung unnötigen Schriftgutes,

❑ die Vermeidung von Routinediktaten

und statt dessen die Nutzung der Textverarbeitung.

Die bisherigen Defizite in der Textverarbeitung beruhen darauf, daß meistens lediglich ein Texthandbuch angeboten wird, und dies häufig nur für ein Rechtsgebiet mit im übrigen schwer zu überblickender Gliederung.

Effiziente Textverarbeitung erfordert

❑ ein Textsystem für alle wichtigen, zumindest in der Allgemeinpraxis vorkommenden Rechtsgebiete,

❑ mit einer einheitlichen, leicht merkfähigen und ausbaufähigen Organisation.

Dies ist zu erreichen durch Gliederung der Texte in Sachgebiete, die wiederum einheitlich in Abschnitte eingeteilt sind. Hierbei ist es sinnvoll, die Untergliederung nach Arbeitsabläufen entsprechend dem Arbeitsablauf bei der Bearbeitung des Mandanten zu gliedern, z.b. beginnend mit der Annahme des Mandates bis zum Schlußbericht.

Eine entsprechende Problemlösung stellt das *anwaltliche Korrespondenz-Organisations-System (KOSY)* dar (in Vorbereitung, Verlag Dr. Otto Schmidt, Köln).

➤ Die Ausgangspost sollten Sie mit System erledigen unter Nutzung der Aufgabendelegation sowie der technischen Möglichkeiten zur Vereinfachung.

➤ Informieren Sie sich über die Möglichkeiten der speziellen anwaltlichen programmierten Textverarbeitung, und nutzen Sie sie.

6.3 Rationelle Besprechungen

Es gibt kaum eine andere Tätigkeit, bei der so viel Zeit von so vielen Leuten gleichzeitig verschwendet wird wie bei Besprechungen!

Bei vier Teilnehmern und einer Sekretärin - ohne Berücksichtigung von Vorbereitungs- und Anfahrtszeiten - „kostet" eine Besprechung in der Anwaltskanzlei schon weit über 1.000 DM!

Die Gründe, warum in Meetings so viel Zeit und Geld unnütz vertan werden, liegen ganz einfach darin, daß „viele Besprechungen unzureichend vorbereitet, mangelhaft organisiert, stümperhaft geleitet oder unzulänglich ausgewertet werden" (L. Steinherr). Meist dauern Konferenzen viel zu lange, oft sind sie - im Grunde genommem - sogar völlig überflüssig!

Bei der Planung und Konzeption sind drei Phasen zu unterscheiden:

(1) Vor der Besprechung

„Die besten Besprechungen sind diejenigen, welche erst gar nicht stattfinden müssen!"

1 Diesen Erfahrungssatz sollten Sie immer vor Augen haben. Zunächst ist zu klären, ob eine Besprechung sinnvoll ist, ob durch sie eine Förderung oder Regelung einer Angelegenheit erreicht werden kann.

2 Eine klare *Terminabsprache,* inklusive Terminbestätigung sollte selbstverständlich sein.

3 Der *Teilnehmerkreis* sollte klar und durch konkrete Zielsetzung geleitet festgelegt werden.

Für den Anwalt ist bei der Vereinbarung eines Besprechungstermins mit einem Kollegen wichtig, ob die Besprechung mit oder ohne Mandanten stattfindet. Erfahrungsgemäß ist es häufig in einem früheren Stadium einer Auseinandersetzung sinnvoll, zunächst ein Gespräch allein zwischen den Bevollmächtigten zu führen, um Regelungsmöglichkeiten ohne persönliche Konfrontationen abzuklären. Andererseits ist ein Gespräch mit den Parteien stets dann sinnvoll, wenn eine weitere Aufklärung des Sachverhaltes noch erforderlich erscheint.

4 Es muß jedoch beachtet werden, daß das *Ergebnis* von Vergleichsgesprächen im Beisein der Mandanten zu festen Vereinbarungen führt, während Gesprächsergebnisse, die ohne Beisein der Mandanten erzielt wurden, oft deren Zustimmung bedürfen. Häufig bereitet es zusätzliche Arbeit, den Mandanten über den Gang des Vergleichsgespräches, tatsächliche und rechtliche Probleme zu informieren.

5 Die gründliche *Vorbereitung* sollte selbstverständlich sein im Hinblick auf

❑ vertretene Positionen und *angestrebte Ergebnisse* wie Maximal- oder Minimalforderungen sowie

❑ das angestrebte Ziel.

6 Häufig kann es wichtig sein, schon bei der Vorbereitung von Besprechungen den richtigen *Gesprächsrahmen* z.B. den Gesprächsort, festzulegen.

7 Suchen Sie einen geeigneten, möglichst störungsfreien Besprechungsraum, und sorgen Sie auch in Ihrer Kanzlei für die notwendigen *Visualisierungsmedien* (Overhead, Flipchart, Metaplan-Wand etc.)

8 Legen Sie einen geeigneten *Zeitpunkt* für die Besprechung fest (Verfügbarkeit und Vorbereitungszeit der Teilnehmer).

9 Befassen Sie sich zunächst intensiv mit dem Ihnen bereits genannten oder von Ihnen vermuteten *Ziel* Ihres Mandanten.

Hiervon ausgehend, klären Sie die in Betracht kommenden Anspruchsgrundlagen, deren Einzelvoraussetzungen, etwa aus einem einschlägigen Kommentar entnommen, bereits die Gliederung für das Gespräch im wesentlichen darstellen. So konzentrieren Sie sich ausschließlich auf die relevanten Fragen.

|10| Erstellen Sie auf dieser Basis eine *Tagesordnung mit Vorgabezeiten* für die einzelnen Punkte, teilen Sie jedem die seiner Bedeutung entsprechende Zeit zu (Priorität!).

Soweit sinnvoll, informieren Sie auch die weiteren Teilnehmer über Themen und Zielsetzungen.

(2) Während der Besprechung

Das Ergebnis einer Besprechung hängt in starkem Maße davon ab, ob diese nach richtigen Spielregeln abläuft.

|11| Bei anwaltlicher Tätigkeit ist zu den in Betracht kommenden Terminen oder Verhandlungen wie folgt zu unterscheiden:

❑ Einzelgespräche mit dem Mandanten

❑ Verhandlungen mit - anwaltlich vertretener - Gegenpartei

❑ mit oder ohne Teilnahme der Parteien

❑ Sitzungen mit mehreren Teilnehmern

❑ Konferenzen

|12| Für alle Besprechungen gilt:

➡ Beginnen Sie pünktlich.

|13| Wer einmal anfängt, auf verspätete Teilnehmer zu warten, wartet immer! *Einzelbesprechungen* mit dem Mandanten sollten *geführt* werden. Auch hier gilt, was für alle Besprechungen wichtig ist:

❑ gute Vorbereitung

❑ Gesprächsatmosphäre

❑ zum Thema kommen

❑ Ergebnis anvisieren.

|14| Anwaltliche *Verhandlungen* mit der *Gegenseite* gehören zur alltäglichen Arbeit.

Sie sollten als Chance zu einer Regelung genutzt werden. Erfahrungsgemäß kann der Anwalt auf diese Weise eine zeitraubende und langwierige Korrespondenz vermeiden.

|15| Die Rechtsposition des Mandanten sollte geschlossen und überzeugend vorgetragen werden. Vertretene Rechtspositionen und angestrebte Ergeb-

nisse - Maximal- oder Minimalforderungen - sollten klar formuliert und zum Ausdruck gebracht werden.

Steuern Sie den Verlauf der Besprechung durch *W-Fragen* (Wer, Wann, Was, Warum ...), und stellen Sie *geschlossene* Fragen nur dann, wenn dies in Ihrem Interesse liegt. Sie könnten dadurch die Atmosphäre zu sehr beeinträchtigen.

16   Halten Sie *Unterbrechungen* unter Kontrolle, und blocken Sie Killerphrasen wie „Das haben wir noch nie/schon immer so gemacht!" ab.

17   Wiederholen Sie *Entscheidungen und Maßnahmen,* um die Zustimmung der Teilnehmer sicherzustellen und Mißverständnisse auszuschließen.

18   Ein erzieltes *Ergebnis* - das wichtigste in jeder Besprechung - sollte formuliert und *dokumentiert* und soweit und sobald wie möglich wechselseitig bestätigt werden, evtl. durch Unterzeichnung und Austausch von Urkunden. Hierdurch kann der Anwalt als Interessenvertreter seiner Partei Mißverständnissen vorbeugen.

19   Überprüfen Sie - zumindest von Zeit zu Zeit - Verlauf und Erfolg der durchgeführten Konferenz, z.B. durch Befragung der Teilnehmer:

❑   Waren Anlaß und Zweck der Besprechung klar?

❑   Wurde die Tagesordnung eingehalten?

❑   Wurde das Ziel dieser Besprechung erreicht?

❑   Wurden Aufgaben verteilt und entsprechende Termine festgelegt?

20   Hören Sie *pünktlich* zur vorgesehenen Zeit auf. Auf diese Weise verschaffen Sie sich den guten Ruf eines erfolgreichen Konferenzleiters! Die Teilnehmer werden sich bei künftigen Sitzungen selbst disziplinieren, die Tagesordnung in der vorgesehenen Zeit zu erledigen; niemand gerät mehr wegen unnötigen Überziehens unter Zeitdruck.

(3) Nach der Besprechung

Die *Nachbearbeitung* einer Besprechung ist von besonderer Wichtigkeit. Das Ergebnis oder auch Teilergebnis ist zusammenzufassen in einem Protokoll, Vermerk oder einem durch den Anwalt formulierten Vergleichstext.

21   Am Ende der Sitzung ist das *Ergebnis* zusammenzufassen, zu erläutern und ein Maßnahmenplan festzulegen,

- ❑ was

- ❑ von wem

- ❑ bis wann

durchzuführen ist. Nach Möglichkeit diktieren Sie dies alles in Gegenwart des Mandanten, möglicherweise auch der anderen Teilnehmer, um spätere Einwendungen hinsichtlich des Besprechungsinhaltes zu vermeiden.

22 Fertigen Sie - falls eine Zusammenfassung nicht möglich ist - ein übersichtliches *Ergebnisprotokoll* an, das schnellstmöglich erstellt und verteilt werden sollte.

Schließlich ist festzulegen, wie die Ergebnisse der Besprechung umgesetzt und nicht erledigte Punkte weiter verfolgt werden.

„Der schlimmste Fehler nach Sitzungen sind gar keine Protokolle, der zweitschlimmste schlechte Protokolle." (R. A. Mackenzie)

23 Ein sog. *Kurzprotokoll* mit den wichtigsten Daten und Ergebnissen sollte am Ende der Sitzung bereits allen Teilnehmern als Fotokopie mitgegeben werden; meist erübrigt sich dann ein eigens abgefaßtes Protokoll über die gesamte Besprechung.

24 *Kontrollieren* Sie, ob die beschlossenen Schritte auch von den Betreffenden durchgeführt wurden.

25 Nicht erledigte Aufgaben und Probleme kommen als erste Punkte auf die nächste Tagesordnung.

Als Ergebnis für rationelle Besprechungen gilt:

➤ Machen Sie sich bewußt, welche Kosten und welchen Aufwand Besprechungen verursachen.

➤ Bereiten Sie Besprechungen optimal vor, definieren Sie Ziele, und legen Sie fest, wer daran teilnimmt; klären Sie speziell, ob die Teilnahme der Parteien sinnvoll ist oder nicht.

➤ Kommen Sie während der Verhandlungen zum Thema, und versuchen Sie, in jedem Fall ein Ergebnis oder zumindest Teilergebnisse zu erreichen, und legen Sie fest, was von wem und bis wann anschließend durchzuführen ist.

➤ Setzen Sie das erreichte Ergebnis um, und legen Sie fest, wie hinsichtlich noch unerledigter Punkte weiter verfahren wird.

Gesprächsvermerk

Datum __15.5.96__ Uhrzeit __10^{00} - 12^{00}__

~~Anruf~~/Besuch ~~von~~/bei __Fa. Pfeiffer__ ~~Frau~~/Herrn __Pfeiffer__

gewünschter Gesprächspartner _____

Firma _____

Telefon __0228 | 77 87 77__ Telefax __0228 | 77 88 00__

Anschrift _____

Angelegenheit __Kooperationsvertrag__

Inhalt des Gesprächs _____

1. Kooperationspartner (s. Entwurf)
2. Elektroengineering
3. Darstellung Regelungsinhalt

☐ Wünscht Rückruf ☐ erneuter Anruf ☐ Zeitpunkt _____

Aufgenommen durch _____ Verteiler _____

129

6.4 Rationelle Zweier-Gespräche

Das Management des Mandantenbesuches und -gespräches ist ein wichtiger Faktor für das anwaltliche Zeit- und Selbstmanagement.

Nach dem anwaltlichen Tagesplan sind Mandantenbesuche meist am Nachmittag vorgesehen. Die Termine werden durch das Sekretariat oder die Anmeldung des Büros vergeben, oft ohne unmittelbare Beteiligung des Anwaltes selbst. Während der Besprechungszeit drängen sich häufig Besucher, wobei der Zeitdruck noch durch gelegentliche unangemeldete Besucher oder die notwendige Erledigung von dringenden Aufgaben verstärkt wird. Deshalb muß der Anwalt den Besuch seiner Mandanten organisieren und durchführen, daß Mandantengespräche richtig und effizient geführt werden können.

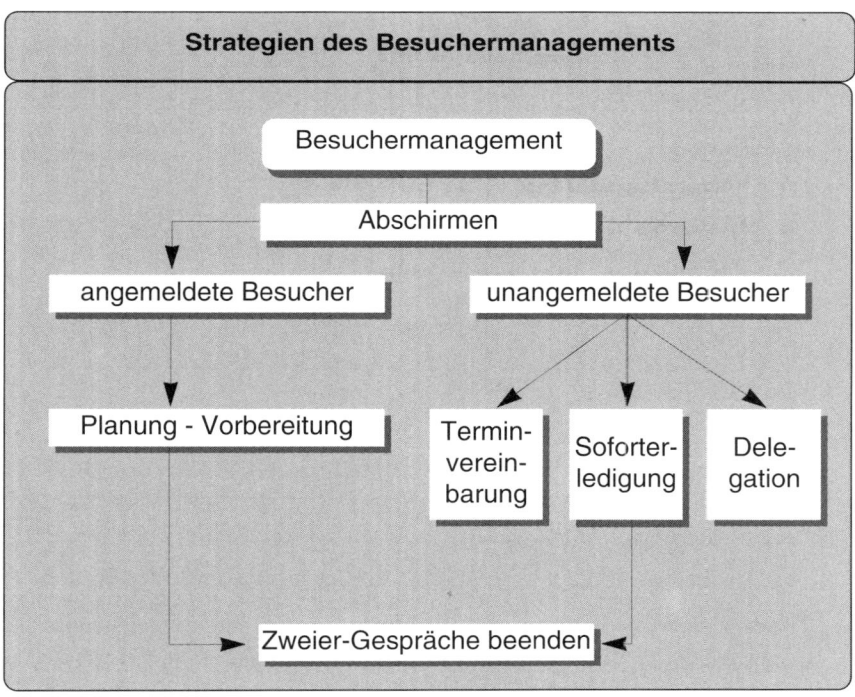

130

Gerade Rechtsanwälte brauchen für Informations- und Sachbearbeitung Zeit zum Denken und ungestörten Arbeiten.

→ *Schirmen* Sie sich vor Besuchern zunächst einmal *ab* - z.B. mit Hilfe eines 10-Punkte-Programms:

1   Übertragen Sie Ihrer *Sekretärin* die Verantwortung für Ihre Termine; lassen Sie die Termine möglichst *vorher* vereinbaren.

2   Benutzen Sie den Schreibtisch Ihrer Sekretärin als *Barriere,* an dem niemand vorbeikommt, ohne von ihr gesehen und gefragt zu werden: „Was kann ich für Sie tun?", „Kann er Sie anrufen?" etc. Wichtig ist es, positiv zu reagieren, z.B. mit dem Hinweis: „Ihre Angelegenheit ist so wichtig, und hierfür muß ein besonderer Termin zur Besprechung vereinbart werden."

3   Setzen Sie allgemeine Empfangs- oder *Sprechzeiten* fest, und lassen Sie nach den *Gründen* für die gewünschten Besuchstermine fragen, damit Sie sich vorbereiten können.

4   Richten Sie feste *Sprechstunden für Ihre Mitarbeiter* ein.

5   Gehen Sie in die *Büros Ihrer Mitarbeiter,* und stehen Sie für Fragen zur Verfügung. Es ist dann bedeutend einfacher, sich selbst aus dem Raum zu verabschieden und zu gehen, als den oder die Gesprächsteilnehmer aus dem eigenen Büro „hinauszukomplimentieren"!

6   Halten Sie *Stehkonvente* ab (z.B. im Vorzimmer), und bestimmen Sie während der Begrüßung die Priorität oder Notwendigkeit des Besuches. Wenn Ihr Gesprächspartner erst einmal sitzt, sind Sie - psychologisch gesehen - im Nachteil!

7   Begeben Sie sich in *Klausur,* z.B. in ein separates Büro oder das Zimmer eines anderen; nur Ihre Sekretärin sollte informiert sein.

8   Pflegen Sie Ihre *persönlichen Beziehungen* bei anderen Gelegenheiten, statt in Ihrem offiziellen Büro. Verabreden Sie sich turnusmäßig mit den für Sie wichtigen Leuten zum Mittagessen o.ä.

9   Stellen Sie ggf. Ihren *Schreibtisch aus* dem Blickfeld der offenen Tür, um potentielle Besucher nicht zusätzlich zu ermuntern.

10   Lassen Sie die Tür zu Ihrem Büro offen, wenn Sie zu sprechen sind; schließen Sie die Tür, wenn Sie nicht gestört werden wollen!

Das Gespräch mit angemeldeten Besuchern und speziell dem Mandanten muß geplant und richtig vorbereitet sein.

Vor allen Dingen muß der richtige *Zeitraum* gewählt werden, um nicht unter Zeitdruck zu geraten, aber auch das Gespräch rationell zu führen. Deshalb sollte, soweit der Termin nicht zwischen Anwalt und Mandanten unmittelbar vereinbart wird, die für die Vergabe des Termines zuständige Sekretärin über den notwendigen Zeitrahmen informiert werden. Dies gilt insbesondere für Besprechungen, die in der Kürze oder Länge von Routinebesprechungen abweichen. Für *Routinebesprechungen* kann es praxisgerecht sein, grundsätzlich eine Zeitdauer von einer halben Stunde vorzusehen.

Wichtig ist darüber hinaus - was in der Praxis häufig problematisch ist -, für Besprechungen die Akte und dazugehörige Unterlagen zur Verfügung zu haben.

Jeder *externe Besucher* hat einen Grund für dieses Gespräch, der ihm wichtig erscheint.

1. Fragen Sie zunächst bei jedem externen wie internen Besucher, den Sie empfangen oder einladen wollen, *welchem Zweck* dieses Gespräch dienen soll.

2. Stellen Sie sich auf zu erwartende *Argumente und Einwände* Ihres Gesprächspartners ein.

3. Prüfen Sie abschließend, ob dieses *Gespräch* wirklich *unbedingt notwendig* ist und ob es nicht Alternativen gibt, z.B. ein Telefonat oder Arbeitsessen.

4. Bereiten Sie sich auf das Gespräch vor, z.B. anhand der folgenden *Checkliste*:

Planung:	❏	Termin
	❏	Thema
	❏	Zeitlimit
	❏	Vorbereitung
	❏	Mögliches Ziel des Gesprächspartners
	❏	Anspruchsgrundlagen und deren Voraussetzungen
	❏	Unterlagen
Eröffnung:	❏	Kurze Begrüßung
	❏	Direkt auf den Kernpunkt
Verlauf:	❏	Thementreu bleiben
	❏	Aktiv zuhören
Abschluß:	❏	Konkrete Aufgabenverteilung (Follow up)
	❏	Einhaltung des Zeitlimits
	❏	Kurze Zusammenfassung
	❏	Beendigung mit persönlichen Worten

5 Klären Sie möglichst zusammen mit Ihrem Gesprächspartner zu Beginn seines Besuches die Frage: *Was ist das Ziel dieses Gesprächs?*

6 Legen Sie vorher die *Zeitdauer* des Besuches fest; auch ein Gespräch zieht sich in der Regel so lange hin, wie Zeit zur Verfügung steht!

7 Verschieben Sie ggf. ein vorgesehenes Thema oder das gesamte Gespräch, wenn Sie das angestrebte Ziel in der *verfügbaren* Zeit nicht erreichen können.

8 Legen Sie private Informationen möglichst an den Schluß.

9 Lassen Sie Ihre Sekretärin die Besuche zeitlich überwachen; vereinbaren Sie z.B. für eine bestimmte Zeit eine Erinnerungshilfe oder eine entsprechende Intervention („Sie müssen in einer halben Stunde nach XY fahren" o.ä.)

Besser als die Besuche von Kollegen aus anderen Abteilungen lassen sich die *Besuche von Mitarbeitern,* bedingt durch das Arbeitsverhältnis, kontrollieren und in den eigenen Zeitplan einfügen:

❏ Setzen Sie für jeden Mitarbeiter *regelmäßige Sprechzeiten* an, in denen Sie alles behandeln, was sich zwischenzeitlich bei Ihnen und Ihren Mitarbeitern angesammelt hat.

❏ Legen Sie zu diesem Zweck für jeden Mitarbeiter ein *(Notiz-)Blatt* in Ihrem Zeitplanbuch an.

❏ Halten Sie auch regelmäßige, kurze *Stabsbesprechungen* ab, um einfache Arbeits- und Verwaltungsprobleme zu klären.

❏ Veranlassen Sie Ihre Mitarbeiter, das Telefon zu benutzen oder eine Kurznotiz zu schreiben, wenn eine persönliche Vorsprache nicht erforderlich ist.

Für das *Gespräch mit dem Mandanten* (= Anvertrauten) müssen besondere Regeln gelten. Der Mandant erwartet von „seinem" Anwalt, daß er für ihn da ist und seine Rechtsposition vertritt. Dies kann problematisch und nicht immer möglich sein. Falsch wäre es, dem Mandanten mit einem strikten „Nein" zu begegnen. Vielmehr muß er überzeugt werden. Dies erfordert ein besonderes Einfühlungsvermögen des Anwaltes.

(3) Umgang mit unangemeldeten Besuchern

➤ Fragen Sie nach dem Anliegen des Besuches

(W-Fragen: Was, wozu, wer, warum, wie, womit, wann?).

➤ Delegieren Sie das Gespräch an einen Ihrer Mitarbeiter, an eine andere Stelle oder Abteilung.

➤ Wenn sofort mit geringem Zeitaufwand zu erledigen, führen Sie das Gespräch - die Störung, die schon läuft, wird kürzer.

➤ Sonst vereinbaren Sie einen Termin - und entlassen den Besucher.

➤ Das beste ist jedoch, Besucher an feste Sprechzeiten und Nicht-Sprechzeiten zu gewöhnen!

(4) Gespräche beenden

Ob ergiebig oder nicht, alle Gespräche müssen einmal beendet werden. Falls Ihr Besucher von sich aus die Unterredung nicht zu Ende bringen will, probieren Sie es mit einer der folgenden, je nach Situation höflichen oder weniger höflichen Methoden:

1 Äußern Sie eine zusammenfassende oder abschließende Bemerkung.

2 Beenden Sie den geschäftlichen Teil des Gesprächs, indem Sie zu einer belanglosen Plauderei überwechseln.

3 Blicken Sie auf die Armbanduhr, oder lassen Sie ein vorher programmiertes Signal ertönen.

4 Zeigen Sie sich gelangweilt.

5 Stehen Sie auf.

6 Führen Sie Ihren Besucher zur Tür.

7 Beginnen Sie, Ihre Post zu lesen, während der Besucher spricht.

8 Verständigen Sie durch den Summer Ihre Sekretärin, so daß diese Sie unterbrechen und an den nächsten Termin erinnern kann.

9 Sprechen Sie in der Diskussion etwas energischer und eiliger.

10 Teilen Sie Ihrem Besucher vor und auch gegen Ende des Gesprächs mit, daß Sie einen weiteren Besucher erwarten und Ihre Zeit beschränkt ist.

Oder: Artikulieren Sie Ihr Bedürfnis, sagen Sie ganz einfach, daß Sie das Gespräch jetzt beenden möchten!

Für das rationelle Zweier-Gespräch (Besuchermanagement), speziell das Mandantengespräch, gilt:

➤ Organisieren Sie den Publikumsverkehr so, daß Ihnen Zeit zum ungestörten Denken und Arbeiten bleibt.

➤ Planen Sie systematisch Mandantengespräche, und bereiten Sie sich vor.

➤ Lernen Sie die Kunst, das Mandantengespräch richtig und effizient zu führen.

6.5 Rationelles Telefonieren

> Telefonieren sollte in erster Linie ein Instrument der rationellen Information und Kommunikation sein!

Ob das Telefon nun bei Ihnen zur Zeitersparnis oder zur Zeitverschwendung beiträgt, hängt davon ab, wie sinnvoll Sie es benutzen und inwieweit Sie mißbräuchliche Verhaltensweisen abzulegen versuchen!

Das Telefon bietet dem Anwalt gegenüber anderen möglichen Kommunikationsmedien (z.B. Briefkorrespondenz, Telegramm, Telex, Teletex, Telefax, Btx, Datex-Dienste, Internet) *fünf Vorteile*, und zwar sowohl für die Vereinfachung der Kommunikation als auch für Zeitgewinn.

1   Die Übermittlungsgeschwindigkeit *(Zeitvorteil)*

     Wenn der Gesprächspartner erreichbar ist, z.B. der Mandant, können unmittelbar Informationen erbeten und erteilt werden.

2   Der unmittelbare Informationsaustausch *(Dialogvorteil)*

     Die Besprechung von Informationen ermöglicht durch Dialog eine Klärung des Sachverhaltes und das leichtere Finden eines Ergebnisses.

3   Die persönliche Verbindung *(Kontaktvorteil)*

     Durch den persönlichen Kontakt mit dem Gesprächspartner, insbesondere den Kollegen, können Mißverständnisse ausgeräumt, Aspekte formuliert und ausgedrückt werden, die in gleicher Direktheit oder Klarheit möglicherweise in der Korrespondenz nicht möglich sind.

4   Kein Papierkrieg *(Aufwandsvorteil)*

     Durch Telefonate kann Korrespondenz vermieden werden.

5   Die Einsparung von Geld *(Kostenvorteil)*

     Häufig wird übersehen, daß ein Brief nicht nur Sach- und Portokosten verursacht, sondern persönlicher Arbeitsaufwand und Verwaltungskosten anfallen.

Beim anwaltlichen Telefonat kommt hinzu, daß bei Gesprächen mit Dritten - außerhalb der Rechtshängigkeit eines Verfahrens - neben der Geschäftsgebühr gem. § 118 I 1 BRAGO auch die Besprechungsgebühr gem. § 118 I 2 BRAGO erhoben werden kann.

Es sollte Ziel jeden Anwaltes sein zu verhindern, daß ankommende Telefongespräche die Konzentration auf eine äußerst wichtige Tätigkeit (A-Aufgabe) unterbrechen.

(2) Abschirmen

Es kann sinnvoll sein, sich vor unerwünschten Telefongesprächen abzuschirmen, z.B. um ungestört und zusammenhängend arbeiten zu können. Dies gilt aber nur, wenn von vornherein organisatorisch geklärt und gesichert ist, welche Telefongespräche nicht entgegengenommen werden. Andererseits muß gesehen werden, daß das Abschirmen vor Telefongesprächen häufig nur eine Verschiebung von Arbeit ist.

a) Abschirmung durch die Sekretärin

Der sicherste Weg ist, sich vor ungelegenen oder unerwünschten Telefongesprächen durch Vorklärung durch das *Fachsekretariat* zu schützen. Die zuständige Sekretärin muß die dafür notwendige persönliche und fachliche Qualifikation haben.

Verwenden Sie Entschuldigungen wie:

„... ist augenblicklich nicht im Büro"

„... hat einen Termin" (mit sich selbst!)

Formulierungen wie „... möchte nicht gestört werden" oder „ist in einer Besprechung" erzeugen hingegen leicht unangenehme Gefühle auf seiten des Anrufers, der sich gleichfalls als wichtig angenommen haben will.

Die Sekretärin sollte grundsätzlich den *Zweck*, möglichst auch das Ziel des Anrufs, erfragen, um das Gespräch von seiner Dringlichkeit und Wichtigkeit her einstufen zu können. Sie sollte bei einem neuen Mandat nach Möglichkeit auch schon vorbereitend die für Sie wesentlichen Informationen (Streitwert, möglicher Sachbearbeiter u.a.) in Erfahrung bringen.

b) Abschirmung durch Anrufbeantworter

Wenn Sie zeitweise oder auf Dauer über keine eigene Sekretärin verfügen können, läßt sich behelfsweise ein Anrufbeantworter als automatische Abschirmung vor eingehenden Telefongesprächen einschalten. Abgesehen davon, daß hierzulande immer noch viele Leute emotionale Vorbehalte gegenüber Anrufbeantwortern haben, bleibt er doch nur „zweite Wahl". Der Vorteil - gegenüber der völligen Abschaltung des Telefons - ist, daß Sie nach Beendigung Ihrer Tätigkeit die Mitteilungen der Anrufer abhören und zurückrufen können.

(3) Soforterledigung

Wichtige Telefongespräche, insbesondere erwartete Telefonate, sollten angenommen werden. Dies gilt z.B. für den Anwalt bei einem wichtigen Rückruf eines Richters, etwa wegen eines Gesprächs zur Sache oder zu einer Terminverlegung.

Es muß organisatorisch sichergestellt sein, daß solche Gespräche auch als wichtig anzunehmende Gespräche identifiziert werden. Hierfür ist es notwendig, der Telefonistin oder Sekretärin Bescheid zu geben darüber, daß der Anruf erwartet wird und in jedem Fall zu vermitteln ist.

Wenn wichtige Anrufe durchgestellt werden müssen, sollten Sie sofort zu *Beginn des Gesprächs* die folgenden Punkte klären:

Telefon-Checkliste „Sofort-Erledigung"

vorher: Telefon-Notizblock zur Hand nehmen!

1	Wer genau ist Ihr Gesprächspartner, von welcher Firma, welche Funktion etc.?
2	Worum geht es (Anliegen des Partners)?
3	Wie dringlich und wichtig ist das Anliegen des anderen (Erledigungsfristen)?
4	Wann können Sie später zurückrufen (Unterlagen heraussuchen)?
5	Wo können Sie Ihren Telefonpartner erreichen (bei Erstkontakt: Anschrift, Telefon- und Telefaxnummer, Schreibweisen von Namen)?

Eine andere Möglichkeit der *Soforterledigung* besteht darin, daß die *Sekretärin* ihren Chef um eine kurze Antwort bittet. Durch eine solche kurze Störung wird der Rechtsanwalt in seinem Arbeitsfluß kaum unterbrochen, zumal er nicht persönlich mit dem Anrufer sprechen muß.

(4) Rückruf

Das Rückrufsystem ist neben der Abschirmung und Soforterledigung von Telefongesprächen eine weitere Methode des Telefonmanagement. Es muß aber organisiert werden.

Zunächst gilt es, die für den Rückruf und für die Erreichbarkeit des Gesprächspartners günstigste Zeit zu wählen, soweit nicht ohnehin ein fester Rückrufzeitpunkt vereinbart ist.

138

Ein *Rückruf* wird erleichtert, wenn auf der zugrunde liegenden Telefonnotiz

❏ der Name des Gesprächspartners,

❏ der Gegenstand des Gespräches,

❏ die Nummer ggf. mit Durchwahlnummer vermerkt sind, jeweils mit Zeitangabe für zugesagten oder zu erwartenden Rückruf.

> Das Rückrufsystem, in Telefonblöcken ausgeführt, reduziert die Zahl der täglichen Unterbrechungen erheblich und bringt enorme Zeitspar- und Rationalisierungsvorteile.

Die Rückrufmethode macht es der Sekretärin auch möglich, dem Rechtsanwalt die zum Telefonieren notwendigen Unterlagen, insbesondere die betreffende Handakte, herauszusuchen, wodurch die benötigte Telefonzeit insgesamt verkürzt wird.

Aktives Telefonieren (Hinausgehende Gespräche)

(5) Telefonblöcke

> Wenn Sie alle Anrufe zu bestimmten Zeiten der Reihe nach abarbeiten, erledigen Sie Ihre Gespräche konsequenter und zwingen sich automatisch, Ihre Telefonzeit kürzer zu halten *(Selbstdisziplin)*.

➡ Legen Sie eine *Telefonliste* an, auf der Sie alle Namen Ihrer Gesprächspartner, Thema und Rufnummer notieren und anschließend mit einer *Prioritätenziffer* nach Wichtigkeit/Dringlichkeit versehen und in eine Rangreihe bringen.

➡ Weniger wichtige und wenig dringliche Telefonate sollten Sie möglichst ganz unterlassen!

➡ Überprüfen Sie Ihre Telefonliste auch auf Delegationsmöglichkeiten, und übertragen Sie geeignete Anrufe auf Ihre Mitarbeiter.

➡ Ordnen und sammeln Sie alle notwendigen Gesprächsunterlagen und Akten in der entsprechenden Reihenfolge Ihrer Telefonate.

➡ Legen Sie sich z.B. eine *Sammelmappe* „Telefonate" an!

➤ Beginnen Sie zur festgelegten Zeit mit Hilfe Ihrer *Sekretärin* mit der Abwicklung des ersten Telefonblocks, indem diese in der Rangreihe Ihrer Liste Nummern anwählt, bis ein Gesprächspartner erreicht wird. Die nicht zustande gekommenen Gespräche rücken automatisch an das Ende der „Warteliste" und werden dann nochmals angewählt usw.

➤ Denken Sie auch bei Einzelgesprächen daran, diese von Ihrer Sekretärin anwählen zu lassen und erst zu übernehmen, wenn die Verbindung hergestellt ist.

➤ Nutzen Sie *Leerlaufzeiten* und sonstige Momente zwischen einzelnen Aufgaben oder Besprechungen, um noch ausstehende Telefonate zu erledigen.

➤ Denken Sie an die Vorteile eines *Autotelefons,* das Ihnen die Möglichkeit gibt, die sonst unproduktiven Fahrzeiten zumindest für solche Telefonate zu nutzen, die ohne Akten erledigt werden können. Ihr Zeitgewinn ist wertvoller als die geringfügigen Mehrkosten.

➤ Telefonieren Sie *antizyklisch,* nämlich außerhalb der Hochbetriebszeiten. Auf diese Weise können Sie Ihren Partner schneller und besser erreichen.

(6) Vorbereitung

➤ Sie sollten erst telefonieren, wenn Sie sich über die *Zielsetzung* klargeworden sind:

❑ Will ich nur allgemeinen Kontakt pflegen und mich mit einem anderen austauschen?

❑ Will ich mich in Erinnerung bringen oder eine neue Beziehung herstellen?

❑ Will ich Informationen einholen oder solche vermitteln?

❑ Will ich Ideen vorbringen und sie bewerten lassen?

❑ Will ich den anderen von meinen Absichten überzeugen und ihm meine Projekte nahebringen?

❑ Will ich die Abwicklung des Mandates beschleunigen?

➤ Sorgen Sie für den richtigen *Zeitpunkt* Ihres Gespräches:

❑ Klären Sie die *besten Anrufzeiten* ab! Ihr Gesprächspartner ist - ebenso wie Sie! - dankbar, wenn er in seinem Arbeitsablauf möglichst wenig gestört wird. Klären Sie dies am Ende eines anderen Telefonates oder bei einem persönlichen Gespräch einmal ab.

Kündigen Sie Ihre Gespräche vorher exakt an! Viele Gesprächspartner halten sich dann am Schreibtisch bereit und sind auf Ihren Anruf eingestellt, wenn Sie den genauen Zeitpunkt vorher (Brief, Fax, Sekretärin) bekanntgegeben haben. Sie sparen Zeit und Kosten und beschleunigen die Erledigung des betreffenden Vorgangs!

→ Bereiten Sie Ihre Anrufe sachlich und inhaltlich vor!

Checkliste „Telefon-Vorbereitung"
Anruf erst vorbereiten - dann telefonieren!

❑ Ziele
1) Was will ich erreichen? (Gesprächsziele bzw. Teilziele setzen)
2) Wen will ich anrufen? (Name, Abteilung, Funktion, Durchwahlnummer)
3) Wann will ich anrufen? (Postzeit, Tischzeit, Gleitzeit bzw. Dienstschluß berücksichtigen)
4) Welche Fragen will ich stellen? (Stichpunkte, etwa zur Anspruchsgrundlage, notieren)

❑ Unterlagen
5) Welche Unterlagen benötige ich? (Akte, Tabellen, Kommentare)
6) Welche Unterlagen benötigt mein Partner? (Akten, Pläne, Verträge u.a.)

❑ Argumente und Einwände
7) Was ist das Ziel meines Gesprächspartners?
8) Wie kann ich meine Partner motivieren? (Kenne ich den Vorteil und Nutzen, den mein Gesprächspartner von meiner Aktivität hat?)
9) Wie kann ich argumentieren?
10) Welche Beweismittel, Referenzen oder Beispiele kann ich verwenden?
11) Welche Fragen wird mein Partner stellen?
12) Welche Einwände habe ich zu erwarten?
13) Wie entkräfte ich diese Einwände?
14) Was darf ich nicht sagen?
15) Was wird mein Partner verschweigen?
16) Wie komme ich an diese Punkte heran?
17) Welche Kompromisse oder Zugeständnisse kann ich machen?
18) Wie können bei einem Interessenkonflikt beide so auseinandergehen, daß jeder gewinnt?

❑ Ergebnisse
19) Was habe ich erreicht?
20) Was ist zu veranlassen?
    ❑ von wem?
    ❑ wann?
    ❑ und wo?

Telefon-Checkliste „Gesprächsführung"

Fassen Sie Ihre Telefonate kürzer!

1) Straffen Sie die Kontaktphase.

2) Sagen Sie zuerst, worum es geht.

3) Unterbrechen Sie nicht wegen anderer Anrufe.

4) Vermeiden Sie Nebengespräche mit Dritten.

5) Lassen Sie Bandaufzeichnungen und Mithören genehmigen.

6) Fassen Sie Ergebnisse und Maßnahmen zusammen.

7) Sorgen Sie für eine schriftliche Bestätigung.

8) Notieren Sie wichtige Einzelheiten.

9) Verfolgen Sie die Dauer = Kosten des Gesprächs.

10) Bringen Sie das Gespräch zum Ende.

(8) Nachbearbeitung (Auswertung): Telefonnotizen

Letzte Phase eines *rationellen Telefonierens* ist das Festhalten und Auswerten eines erhaltenen oder getätigten Anrufes, um Mißverständnisse zu vermeiden. Ggf. ist es ratsam, parallel den Mandanten zu informieren, um ihn auf dem laufenden zu halten.

Fertigen Sie von allen wichtigen Gesprächen eine *Telefonnotiz* als Erinnerungsgrundlage und Dokument an.

Setzen Sie das Ergebnis eines Gespräches ebenso um wie das einer Besprechung (vgl. 6.3 Rationelle Besprechung).

6.6 Rationelles Lesen

Es ist eine Erfahrung, daß Manager etwa 30% ihrer Zeit für Lesen aufwenden. Zumindest im gleichen Umfang sind Anwälte mit der Informationsverarbeitung durch Lesen beschäftigt. Vermutlich liegt der Wert erheblich höher.

Es gilt daher:

> „Lesen ohne System wäre Zeitverlust und Geldverschwendung."
> (W. Zielke)

➤ Selektieren Sie daher Ihren Lesestoff, und lesen Sie jeweils nur das, was Sie auch unbedingt an Informationen benötigen!

Rationelles Lesen heißt zunächst: Zielorientiert auswählen und entscheiden, ob man etwas überhaupt liest und wenn ja, wieviel man davon liest.

(10) Regeln zur Verbesserung der Lesemethode

1. Denken Sie beim Durchsehen und Lesen des Textes daran, was Sie augenblicklich und zukünftig alles an *Informationen* herausziehen wollen.

2. Sehen Sie sich den Titel und Untertitel an, und überfliegen Sie *Inhaltsangaben,* Klappentexte oder Kurzfassungen. Lesen Sie auch Vorworte, Vorbemerkungen und Einleitungen, da sie auf den Text hindeuten.

3. Entscheiden Sie darüber, was Sie intensiv lesen wollen. Achten Sie beim Überfliegen der Abschnitte auf *Leit- und Schlußsätze* sowie auf Schlüsselworte; in gegnerischen Schriftsätzen, die Sie beantworten müssen, konzentrieren Sie sich deshalb nur auf das, was für die jeweilige Anspruchsgrundlage entscheidungserheblich ist.

4. Übergehen Sie in Schriftsätzen Floskeln, Überflüssiges, Polemisches, in anderen Schriftstücken Randbemerkungen, Kleingedrucktes, ausgedehnte Beschreibungen und die verschiedenen *Abschweifungen* der Autoren.

5. Folgen Sie mehr dem gedanklichen Inhalt und dem *Ideenfluß des Textes* statt den Worten. Finden Sie heraus, welche Aussagen im einzelnen und insgesamt vermittelt werden.

6. Suchen Sie auch nach den von den Autoren verwendeten *gedanklichen Wegweisern* wie leicht erkennbaren Überschriften, Unterstreichungen, eingerückten Sätzen und tabellarischen Aufstellungen.

7. *Wegweiser in Form von Wörtern* wie „deshalb", „außerdem", „aber" und „somit" signalisieren bestimmte Einleitungen, Verstärkungen oder Betonungen im Text.

8. Überfliegen Sie Passagen mit offenbar geringem Informationsgehalt, und verlangsamen Sie Ihr Lesetempo bei wichtigen Abschnitten.

9. Berücksichtigen Sie bei den verschiedenen Schriftstücken auch ihren spezifischen Textaufbau:

   ❑ *Nachrichtentexte* in Zeitungen und Zeitschriften enthalten die wichtigste Information am *Anfang* und Nebensächlichkeiten am Schluß.

   ❑ *Kommentare und Stellungnahmen* bringen die wesentliche Infomation, nämlich die Schlußfolgerung des Autors, erst im *Schlußabsatz.*

   ❑ *Fachartikel* beinhalten in der Einleitung eine Problembeschreibung, im Hauptteil ein Erarbeitung des Lösungsweges und im Schlußabschnitt eine Zusammenfassung und/oder einen Ausblick.

10. Arbeiten Sie wichtige Texte nach dem Lesen nach, z.B. durch Markieren wichtiger Textstellen oder Exzerpte.

Die SQ 3R-Methode

Das rationelle Lesen kann durch die von F. Robinson entwickelte SQ 3R-Methode unterstützt werden:

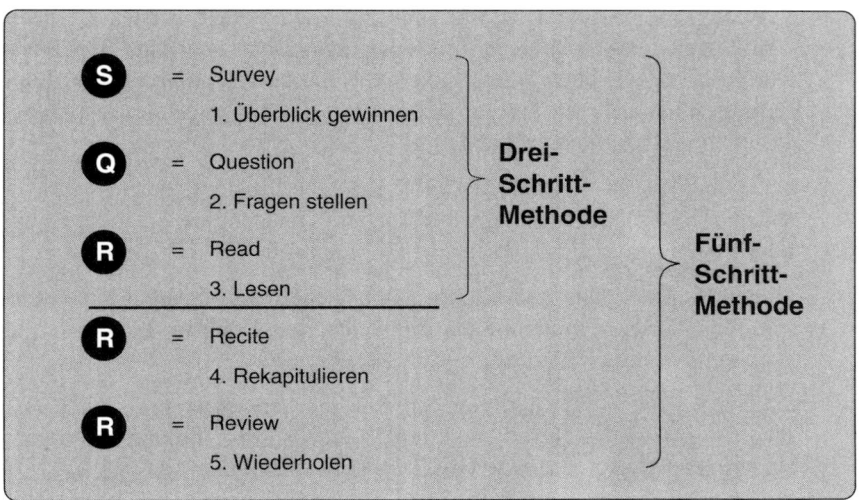

| 1 | *Survey = Überblick gewinnen*

Zunächst gilt es, sich mit den Informationen des Textes insgesamt vertraut zu machen.

Nach dem Studium vorhandener Orientierungshilfen, wie

- ❏ Vorwort und Einleitung,
- ❏ Inhaltsverzeichnis und Umschlagtext,
- ❏ Kapitel- und Unterüberschriften,
- ❏ Zusammenfassungen und Gedankenflußplänen,
- ❏ Personen-, Sachverzeichnis, Glossar,

kann oft bereits der Lesestoff beurteilt und entschieden werden, ob und welche Teile überhaupt gelesen werden müssen.

| 2 | *Question = Fragen stellen*

Eine fragende Haltung zum Text als aktives Leseverhalten fördert das bewußtere Lesen und Behalten sowie Aufmerksamkeit (Lesemotivation):

- ❏ Handelt es sich um neue oder bereits bekannte Informationen?
- ❏ Handelt es sich bei diesen Informationen um Fakten, Meinungen, Hypothesen?
- ❏ Welches sind wichtige/unwichtige Kapitel der Passagen?
- ❏ Welche Intentionen verfolgt der Verfasser mit seinen Ausführungen?
- ❏ Welchen Anschauungen ist zuzustimmen bzw. zu widersprechen?
- ❏ Mit welchen Vorkenntnissen läßt sich der Lesestoff in Beziehung setzen?
- ❏ Leitet sich aus dem Lesestoff für mich eine Handlungsnotwendigkeit ab?

| 3 | *Read = Lesen*

Der nächste Schritt umfaßt das gezielte und konzentrierte Aufnehmen des Lesestoffes. Hier kann man sich bewußt der Hilfen bedienen, welche die Autoren bereits gegeben haben: Unterstreichungen, Hervorhebungen, Untergliederungen, Graphiken, Hinweiswörter etc.

Im übrigen (kann und) sollte man *Schnell-Lesetechniken* verwenden, die man u.a. in Seminaren erlernen kann.

Für die Verarbeitung wichtiger Literatur wie Sachbücher oder spezieller Fachaufsätze empfehlen sich darüber hinaus die nächsten beiden Schritte der *Fünf-Schritt-Methode:*

4

Recite = Rekapitulieren

Der gelesene Text sollte rekapituliert werden, um sicherzustellen, daß der Lesestoff auch verstanden wurde.

Der ständige Wechsel zwischen Fragen - Lesen - Rekapitulieren hält die Lesemotivation aufrecht und verzögert eintretende Ermüdungserscheinungen.

5 *Review - Wiederholen*

Die abschließende Wiederholung dient dazu, die erarbeiteten Einzelergebnisse zu einem Ganzen zusammenzufassen, die Markierungsnotizen zu ergänzen und die Ergebnisse z.B. durch Exzerpieren zu sichern. Sinnvoll ist es, sich noch einmal anhand der Fragen der wichtigsten Antworten und des Gesamtzusammenhangs zu versichern.

6.7 Checklisten und Formulare - Rationelle Schriftgutverwaltung

Checklisten haben sich inzwischen zu einem universellen Instrument der Arbeitserleichterung für sich wiederholende oder ähnliche Arbeitsvorgänge entwickelt.

❑ Checklisten dienen der Steuerung von Informations-, Denk-, Meinungsbildungs- und Entscheidungsprozessen.

❑ Checklisten sind besonders geeignet für Analysen, Beobachtungen, Kontrollen, Verhandlungen und Gespräche, Vorträge, Reisen etc.

❑ Checklisten bringen Zeitgewinn und Erfolgserlebnisse durch automatische Bewältigung wiederkehrender oder ähnlicher Arbeitsgänge.

Die anwaltliche Tätigkeit bietet besondere Möglichkeiten zur Nutzung von Checklisten und Formularen, z.B.

❑ Arbeitsblätter für Annahme neuer Mandate,

❑ Vordrucke für Verfügungen an das Sekretariat, speziell zur Anwendung von programmierter Textverarbeitung,

❑ Terminberichte,

differenziert nach einzelnen Sachgebieten.

Der Anwalt muß - evtl. differenziert nach der Struktur der Praxis - analysieren, welche Aufgaben sich wiederholen und für die Erledigung durch Formulare und Checklisten geeignet sind.

Anwaltssozietät
H. Buschbell & Partner

Arbeitsblatt
für die Annahme eines neuen Mandats

Sachbearbeiter: _____ Erlöskontc: _____

1. Mandant: _____ Vorname: _____
   Straße: _____ Telefon: _____ Fax: _____
   PLZ: _____ Wohnort: _____ Ortsteil: _____
   beschäftigt bei: _____ selbständig als: _____
   Bankverbindung: _____ Kto: _____ BLZ: _____

2. Gegenstand: ❏ Unfallsache ❏ Passivprozeß ❏ Ehesache(s.bes.Blatt) ❏ Unterhaltssache
   Untervollmacht: ❏ Mahnung ❏ Vollstreckung ❏ Strafsache ❏ Ordnungswidrigk.
   in ( ) angeben: ❏ Arbeitsrecht ❏ Sozialrechtss. ❏ Verw.-Rechtssache ❏ Verw.-Rechtssache
   ❏ Zivilprozeß ❏ Beratung ❏ Fahrerl.

3. Rechtsschutz: ja/nein   Beratungsvertrag ja/nein   Verjährung _____
   eintrittspflicht: ja/nein   RS empfohlen: ja/nein   _____
   Versicherung: _____ Agentur: _____ VS-Nr.: _____
   Halter / Fahrer / RS: _____ VS-Nr.: _____
   Rechtsschutz / Schadensbüro / Geschäftsstelle: _____ Sonstige: _____

4. Gegner: _____
   Straße: _____ Wohnort: _____ Telefon: _____
   beschäftigt bei: _____ selbständig als: _____

5. Gegenanwalt: _____

6. **Spezielle Angaben in Straf- und OWI-Sachen:**
   a) geb. am: _____
   b) in: _____ Staatsangeh.: _____
   c) Vater: _____
   Mutter: _____
   d) Familienstand: led. / verh. / gesch.
   Name des Ehegatten: _____
   Zahl der Kinder: _____ Alter: _____
   e) Beruf: _____
   f) Einkommen netto: _____
   g) Führerschein KL.: _____
   ausgestellt am: _____ durch: _____
   h) Kennzeichen d. bet. Kfz.: _____
   i) Halter: _____

7. **Spezielle Angaben in Arbeitsrechtsachen:**
   a) beschäftigt seit: _____ als: _____
   b) Gehalt brutto: _____ DM
   c) Zahl der Beschäftigten des Betriebes: _____

8. **Kosten- und Gebühren-Vermerk:**
   a) Streitwert: _____ DM
   Berechnung: _____
   oder Rahmengebühr DM _____
   oder Vereinbarung DM _____
   b) Vorschuß angefordert: ja / nein   Höhe DM _____
   c) Beratungshilfe ja / nein   Liquidation 20,- DM   Prozeßkostenhilfe ja/nein

Verfügungen an: _____
1. Neuen Vorgang anlegen
2. Text: _____ Text Nr.: _____
   _____
   _____
3. Schreiben an (wie Diktat):
   _____
   _____
4. Melde.RS: _____
5. Kostenvorschuß anfordern:
   bei: _____
   Höhe DM _____
6. Sonstiges:
   _____
   _____

Datenerfassung durch:
❏ RS-Vers.   ❏ Werkstatt/Mietwg./SV
❏ Haftpl.-Vers. ❏ Spezielles
❏ Sonstiges   ❏_____

9. **Sachverhalt (siehe Notizen auf der Rückseite oder besonderem Blatt)**

10. Auftrag erteilt am: _____ durch: _____
   Auftrag angenommen am: _____ durch: _____

5 Stufen zur Erstellung einer Checkliste

1 Arbeit oder Tätigkeit auswählen,
- ❑ die sich wiederholt,
- ❑ die ähnlich erledigt wird.

2 Gesamtablauf in Arbeitsetappen und Arbeitsphasen zerlegen
- ❑ Was muß alles getan werden?
- ❑ Was muß alles beachtet werden?
- ❑ Wer muß ggf. gefragt oder kontaktiert werden?
- ❑ Wer ist zu informieren etc.?

3 Logische Reihenfolge zusammenstellen
- ❑ Was hängt voneinander ab?
- ❑ Welche zeitlichen Bedingungen sind einzuhalten?
- ❑ Was baut sachlogisch aufeinander auf?
- ❑ Wo werden Zwischenergebnisse gebraucht?

4 Gruppenbildung vornehmen
- ❑ Welche Tätigkeiten wiederholen sich?
- ❑ Wo gibt es logische Zwischenstopps?
- ❑ Wo werden gleiche Hilfsmittel gebraucht?

5 Vorläufige Checkliste überarbeiten
- ❑ Fehleranalyse
- ❑ Kritische Phasen
- ❑ Delegationsmöglichkeiten
- ❑ Probelauf
- ❑ Endkorrektur
- ❑ Fertige Checkliste

Für die Nutzung von Checklisten und Formularen ist es unabdingbar, die Zusammenstellung dieser Arbeitshilfen zu strukturieren. Für die anwaltliche Tätigkeit kann dies entsprechend der Sachgebietseinteilung der Praxis erfolgen. Eine Möglichkeit ist auch, Vordrucke zu einzelnen Sachgebieten zu entwickeln, etwa entsprechend dem Gliederungsschema der Sachgebiete des Literaturverzeichnisses. Dies bietet den Vorteil der Einprägsamkeit und Übersichtlichkeit auch bei Ergänzung der Checklisten und Formularsammlung.

➝ Versuchen Sie, eine *Liste Ihrer wiederkehrenden Arbeiten* aufzustellen und *Checklisten* nach diesem 5-Stufen-Schema zu erarbeiten!

Ein erfolgreiches Zeitmanagement hängt nicht nur von den angewandten Zeit-planungs- und Arbeitsmethoden, sondern auch von der Einrichtung des Arbeitsplatzes und dem richtigen Gebrauch von Hilfsmitteln ab. Dies gilt insbesondere für die *rationelle Schriftgutverwaltung:* Ablagesystem, Aktenplan, Registratur, Ordnungsmittel etc.

Anwaltliches Schriftgut, das sich auf die Bearbeitung eines Mandates bezieht, wird ausschließlich in dem hierzu gebildeten Aktenvorgang verwaltet. Darüber hinaus entstehendes Schriftgut, das die Organisation betrifft, muß auffindbar und überschaubar verwaltet werden. Nur hierdurch wird die Arbeit rationell: Unnötiges Suchen entfällt, und Zeitverluste werden vermieden.

Entsprechend dem Gliederungsschema der Organisation kann Schriftgut dokumentiert, archiviert und verwaltet werden. Eine Arbeitserleichterung und Kontrollmöglichkeit ist auch dadurch zu erreichen, daß die einzelnen Organisationsbereiche speziell gekennzeichnet werden, etwa durch eigene Farben.

Wir wollen uns hier mit dem Hinweis auf das vielseitige, praktische und rationelle Arbeitsmittel der Hängeregistratur, außerhalb der Handaktenorganisation auch in Form der Stehablage, beschränken.

Diese Systeme lassen sich ebenso wie im Büro auch zu Hause einsetzen und bieten erhebliche Vorteile gegenüber anderen Ablagesystemen wie *Ordnern* oder *Heftern (Pendelmappe).*

Es ist grundsätzlich vorteilhaft, Poststücke, Akten, Belege etc. schon *während* der Bearbeitung so zu erfassen und aufzubewahren, daß ohne Suchen, Sortieren und Blättern ein sofortiger Zugriff zum jeweiligen Vorgang oder auch zum einzelnen Schriftgut möglich ist. Die Konsequenz:

❑ weg vom regelmäßigen klassischen Abheften und Abstellen in Hebelordnern im Aktenschrank,

❑ hin zu einer *Sofort-Ordnung* am Arbeitsplatz mit zahlreichen Ordnungsmappen in Loseblatt-Form, insbesondere bei solchen Vorgängen, die nicht im Rahmen der Prozeßregistratur in das übliche Handaktensystem passen (z.B. Modernisierung der Kanzlei, EDV-Projekt, Mitarbeiterschulung, private Aktivitäten).

Für jeden *neuen Vorgang* ist auch gleich eine neue Mappe anzulegen. Je feiner die Gliederung, desto schneller der Zugriff. Ein vereinfachtes, schnelleres Handling von Papier spart konsequenterweise Zeit und Kosten ein. Nach diesem Prinzip läßt sich z.B. mit den handlichen Mappei-*Stehmappen* sowohl das persönliche Schreibtisch-Management als auch die Abteilungsablage nachhaltig verbessern.

Die nachfolgende Abbildung gibt einen Überblick über die unterschiedlichen *Ablagesysteme* unter Berücksichtigung des jeweiligen Belegflusses.

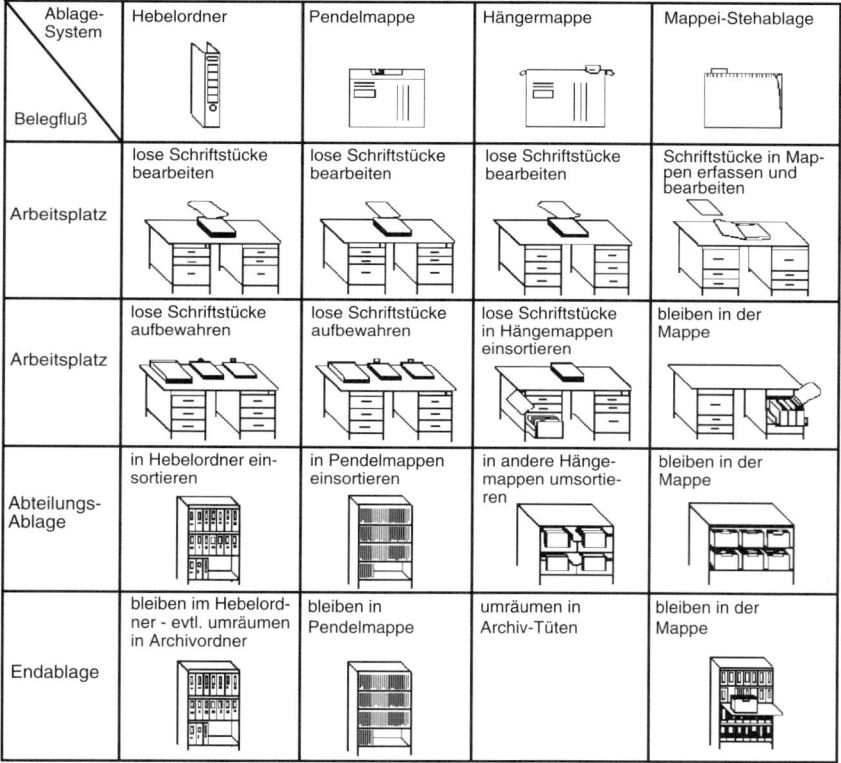

Ablage-System / Belegfluß	Hebelordner	Pendelmappe	Hängermappe	Mappei-Stehablage
Arbeitsplatz	lose Schriftstücke bearbeiten	lose Schriftstücke bearbeiten	lose Schriftstücke bearbeiten	Schriftstücke in Mappen erfassen und bearbeiten
Arbeitsplatz	lose Schriftstücke aufbewahren	lose Schriftstücke aufbewahren	lose Schriftstücke in Hängemappen einsortieren	bleiben in der Mappe
Abteilungs-Ablage	in Hebelordner einsortieren	in Pendelmappen einsortieren	in andere Hängemappen umsortieren	bleiben in der Mappe
Endablage	bleiben im Hebelordner - evtl. umräumen in Archivordner	bleiben in Pendelmappe	umräumen in Archiv-Tüten	bleiben in der Mappe

(Quelle: H. Meyer/Mappei, Den Umgang mit Schriftstücken rationalisieren, Wuppertal 1984, S. 7)

Verwalten Sie das Schriftgut, das sich auf die Organisation bezieht, nach einem Dokumentations- und Archivplan, der abgestimmt ist auf Gliederung und Aufbau der Organisation.

150

7. Setzen Sie Ihre Erkenntnisse in die Praxis um

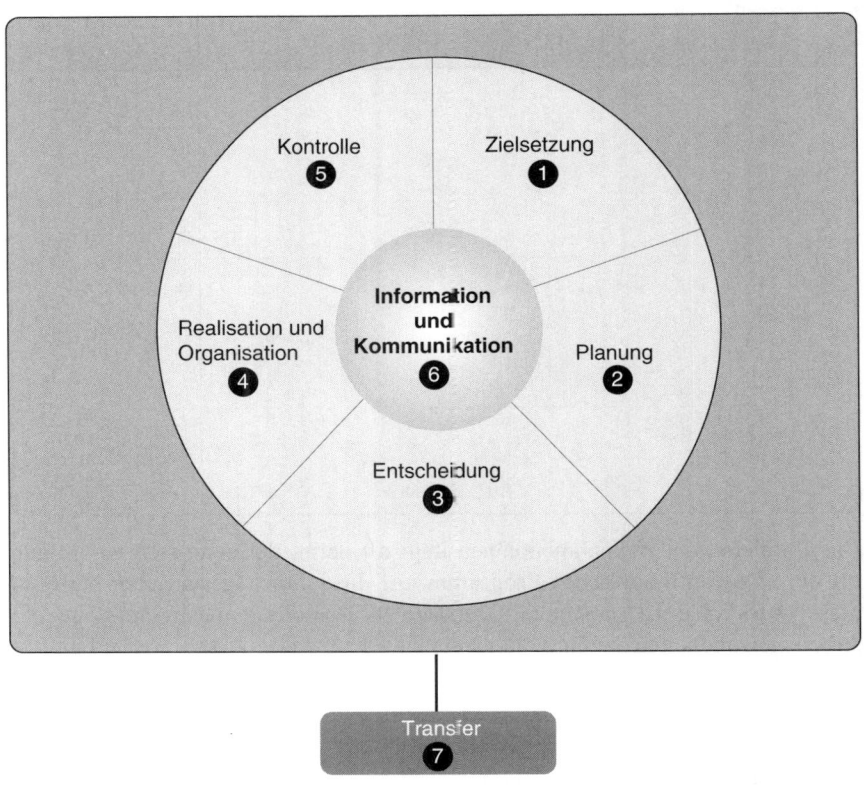

„Alle Dinge sind schwer, bevor sie leicht werden."
(Persisches Sprichwort)

In diesem Kapitel „Transfer" geht es darum, die geplanten Einzelschritte zu einem strategischen Gesamtkonzept zusammenzutragen und gezielt in den Arbeitsalltag umzusetzen.

Blättern Sie daher die einzelnen Kapitel noch einmal durch, und tragen Sie alle Anregungen, die Sie aufgreifen wollen, in den *Maßnahmenplan* ein.

Maßnahmenplan „Zeitmanagement"				
Was?	Wer?	Ab wann?	Bis wann?	Kontrolle

Das Problem von Maßnahmenplänen liegt oft darin, daß man sich zu Anfang oft ein allzu umfangreiches Programm auf die Fahnen geschrieben hat und diese - wirklich ernst gemeinten - Vorsätze zur Besserung und Veränderung der Arbeitsgewohnheiten dann mit zunehmender Zeitdauer im Sande verlaufen.

Fragen Sie sich daher:

1. Was will ich wirklich ändern?
   (So konkret wie möglich formulieren!)

2. Was will ich in Zukunft nicht mehr machen?

3. Welche einzelnen Vorteile habe ich aus meiner *bisherigen* Einstellung, aus meinen Arbeitsgewohnheiten, aus meinem *bisherigen* Verhalten?

4. Wie kann ich diese Vorteile auch durch eine andere Einstellung, durch ein anderes Verhalten erreichen?

5 Was tue ich konkret, um dieses Ziel zu erreichen?
   Wo und in welchen Situationen kann ich die Änderung erproben?

6 Woran merken die anderen, daß ich mich geändert habe?

7 Wie werde ich mich möglicherweise selbst überlisten, um den Vertrag nicht erfüllen zu müssen?

8 Welche Schwierigkeiten sind von anderer Seite zu erwarten?
   Wie kann ich diesen Schwierigkeiten begegnen?

9 Termin für die erste Überprüfung, ob ich den Änderungsvertrag eingehalten habe (Frist: 2-4 Wochen)

10 Womit werde ich mich selbst belohnen, wenn ich mein Zeitmanagement verbessert habe (z.B. Musicalwochenende mit Familie)?

Hinweise zum Transfer

❑ Versuchen Sie nicht, gleich allzu perfekt zu werden. Leiten Sie nur realisierbare Schritte ein: Gut ist besser als perfekt!

❑ Beginnen Sie nicht mit den Maßnahmen, die Ihnen zwar objektiv sehr einleuchtend erscheinen, die aber gefühlsmäßig für Sie Widerstand erzeugen.

❑ Beginnen Sie jede neue Aktivität so intensiv wie möglich.

❑ Nehmen Sie sich zuerst nur eine größere und einige wenige kleinere Maßnahmen vor, und schließen Sie diese erst ab, bevor Sie - ermutigt durch Ihre ersten Erfolge - die nächsten Aktivitäten in Angriff nehmen.

❑ Lassen Sie sich ruhig auch von außen (durch Ehepartner, Sekretärin usw.) unter Druck setzen.

❑ Besprechen Sie Ihre Vorhaben mit Ihren Mitarbeitern, und versuchen Sie, diese auch gleich mit einzuschalten.

❑ Setzen Sie realistische Termine, und untergliedern Sie die Aktivitäten in überschaubare Einzelschritte.

❑ Kontrollieren Sie sich von Zeit zu Zeit selbst. Kontrollieren Sie auch den Nutzen der neuen Selbstmanagement-Methoden.

> Nur Sie selbst können Ihr Verhalten ändern, andere können Sie dabei nur motivieren (oder davon abhalten)!

Auf der anderen Seite können Sie sich selbst am besten im Wege stehen. Aus diesem Grund möchten wir Sie zu einer letzten kreativen Übung einladen, die sich in unseren Seminaren gut bewährt hat:

➡ Wie kann ich es *verhindern,* mit Zeitmanagement-Techniken erfolgreich zu arbeiten?

Bitte kreuzen Sie an, was auf Sie zutrifft, und ergänzen Sie ggf. die Liste:

❑ nicht planen

❑ zuviel Zeitaufwand für Zeitplanaufstellung betreiben

❑ alles und jedes planen (Perfektionismus)

❑ nicht alle Aktivitäten eintragen

❑ unrealistische Zeitvorgaben für Aktivitäten machen

❑ Eingetragenes nicht beachten

❑ Aufgaben (Aktivitäten) ungenau definieren

❑ keine Kontrolle über Erledigung durchführen

❑ unerledigte Punkte nicht neu einplanen

❑ Prioritäten nicht beachten

❑ keine Selbstkontrolle und Selbstdisziplin auferlegen

❑ Kollegen und Mitarbeiter nicht dazu bringen, Spielregeln einzuhalten

❑ _____

❑ _____

❑ _____

Vielleicht probieren Sie einmal das eine oder andere Zeitmanagement-Instrument aus!

Versuchen Sie herauszufinden, welche Arbeitsmethoden und welcher Stil persönlich zu Ihnen passen, und verbessern Sie diese kontinuierlich.

> Es gibt immer einen einfacheren Weg, Dinge zu erledigen!

Viel Erfolg dabei !!!

154

8. Literatur

8.1 Literatur zu den Themen Erfolgsstrategie und Time Management

Bücher

Ederer, Günter; Seiwert, Lothar J.: Das Märchen vom König Kunde. Das 1x1 der Kundenorientierung. Service in Deutschland - Wüste oder Oase? Das Strategie-Buch für kundenorientierte Unternehmen. 2. Aufl. Offenbach: Gabal 1998

Friedrich, Kerstin; Seiwert, Lothar J.: Das 1x1 der Erfolgsstrategie. Der sichere Weg zu konkurrenzlosen Spitzenleistungen. 2. Aufl. Landsberg a. Lech: mvg-Verlag 1998

Geffroy, Edgar K.; Seiwert, Lothar J.: Zeitmanagement für Verkäufer. Mehr Zeit für Verkaufserfolge. Die 1-Seiten-Methode. 2. Aufl. Landsberg: Moderne Industrie, 1993

Graichen, Winfried U.; Seiwert, Lothar J.: Das ABC der Arbeitsfreude. Techniken, Tips und Tricks für Vielbeschäftigte. 10. Aufl. Offenbach: Gabal 1997

Klose, Michael; Seiwert, Lothar J. und Graichen, Winfried U.: Verkaufen Sie sich einfach an die Spitze. Erfolgsgesetze, Verkaufsgespräche, Zeitmanagement. 2. Aufl. Landsberg a. Lech: mvg-Verlag 1996

Mackenzie, R. Alec: Die Zeitfalle. Sinnvolle Zeiteinteilung und Zeitnutzung. Heidelberg: Sauer 1974, 10. Aufl. 1991

Müller-Klement, K. Georg; Seiwert, Lothar J.: Zielwirksam arbeiten. Technik, Methodik und Praxis des persönlichen Zeitmanagement. 12. Aufl. Renningen: Expert 1998

Roth, Werner; Seiwert, Lothar J. und Wagner, Hardy (Hrsg.): Zeitmanagement-Methoden auf dem Prüfstand. Management mit Zeitplanbuch, PC und PDA (über 100 Zeitplanbücher, Elektronische Organizer und Software-Programme im Überblick). 3. Aufl. Springe und Bremen: Verlag W. Roth und Gabal 1994

Seiwert, Lothar J.: Das "neue" 1x1 des Zeitmanagement. Zeit im Griff, Ziele in Balance, Erfolg mit Methode. 20. Aufl. Offenbach: Gabal 1998

(-): Mehr Zeit für das Wesentliche. Besseres Zeitmanagement mit der Seiwert-Methode. 17. Aufl. Landsberg a. Lech: Moderne Industrie 1997

(-): Selbstmanagement. Persönlicher Erfolg, Zielbewußtsein, Zukunftsgestaltung. 7. Aufl. Offenbach: Gabal 1997

(-): Wenn Du es eilig hast, gehe langsam. Das neue Zeitmanagement in einer beschleunigten Welt. Sieben Schritte zur Zeitsouveränität und Effektivität. Frankfurt und New York: Campus 1998

Seiwert, Lothar J.; Gay, Friedbert: Das 1x1 der Persönlichkeit. Sich und andere besser verstehen, beruflich und privat das Beste erreichen, das DISG-Persönlichkeitsmodell anwenden. 4. Aufl. Offenbach: Gabal 1998

Audio-Cassetten

Graichen, Winfried U.; Seiwert, Lothar J. und Fuchs, Helmut: Ganzheitliches Zeitmanagement. Mehr Lebens- und Arbeitsfreude. Ein persönliches Trainingsprogramm. 2. Aufl. München/ Landsberg a. Lech: mvg-Verlag 1992

Klose, Michael; Graichen, Winfried U. und Seiwert, Lothar J.; Verkaufen Sie sich einfach an die Spitze. Bd. 1: So verkaufen Sie noch erfolgreicher (4 Ton-Cassetten mit Subliminals plus Trainings-Checklisten). 12. Aufl. Marxen b. Hamburg: Optima Marketing 1992

Klose, M.; Kirchner, G.; Greff, G.; Frommer, J. und Seiwert, L. J.: Verkaufen Sie sich einfach an die Spitze. Bd. 2: So gewinnen Profis neue Kunden (4 Ton-Cassetten mit Trainings-Checklisten). 2. Aufl. Marxen b. Hamburg: Optima Marketing 1992

Seiwert, Lothar J.: Effektives Selbstmanagement (Talk-Cassette). Frankfurt: Koschwitz Media, 1997 (zu beziehen über Seiwert-Institut, Heidelberg, Tel. 0 62 21 - 78 77-0, Fax 0 62 21 - 78 77 22, E-mail: info@seiwert.de)

(-): Managing Your Time. Zeitmanagement-Training auf Englisch. München/Landsberg a. Lech: mvg-Verlag 1994

(-): Mehr Zeit für das Wesentliche. Management-Bestseller: Das neue Erfolgsprogramm in Text, Ton + Trainigskarten. 4. Aufl. Landsberg: Moderne Industrie (mi-Audiothek) 1993

Seiwert, Lothar J.; Koschwitz, Thomas, Erfolgsstrategie im Gespräch. Wie werden Sie Nr. 1 (Talk-Cassette). Frankfurt: Radio 01, 1994/95 (zu beziehen über Seiwert-Institut, Heidelberg, Tel. 0 62 21 - 78 77-0, Fax 0 62 21 - 78 77 22, E-mail: info@seiwert.de)

Video-Cassetten

Abel, Ralf B.: Ich freu mich aufs Büro (1. Das Telefonat; 2. Ein ganz normaler Tag; 3. Die Akte), FH Südthüringen: Schmalkalden 1995 (zu beziehen über DAV-Ausschuß für Büroorganisation und Bürotechnik, Adenauerallee 106, 53113 Bonn)

Seiwert, Lothar J.: Mehr Zeit für das Wesentliche. Video mit Begleitheft und Trainingsplan. 6. Aufl. Landsberg: Moderne Industrie (mi-Video) 1998

Software

Seiwert, Lothar J.: Time Winner - Mehr Zeit für das Wesentliche. Interaktive Lernsoftware mit Spielen. Landsberg: Moderne Industrie (mi-Software) 1994

Testheft

Seiwert, Lothar J. (Hrsg.): DISG-Zeitmanagement-Profil "Time Mastery". Arbeitsheft mit Zeitmanagement-Test (Lesen und Rubbeln). 3. Aufl. Remchingen und Offenbach: DISG-Training und Gabal/Jünger 1998

Think-Spiel

Seiwert, Lothar J. und Kramer, Wolfgang: Time Master (Arbeitstitel). Ravensburg: Ravensburger (Think-Spiele) 1999

156

8.2 Rechtsanwaltsspezifische Literatur zum Thema

Belser, Karl-Heinz: Lesemanagement, in: AnwBl 1991, S. 254

Buschbell, Hans: Mandate, Gebührenerlöse und Bearbeitungszeiten, Bonn: Institut der Anwaltschaft für Büroorganisation und Bürotechnik 1986

(-): Textverarbeitung, in: Beck'sches Rechtsanwalts-Handbuch, 2. Aufl. München: Beck 1991, S. 1383-1394

(-): Zeit- und Selbstmanagement für Rechtsanwälte, in: Beck'sches Rechtsanwalts-Handbuch, 2. Aufl. München: Beck 1991, S. 1434-1452

(-): Zeit- und Selbstmanagement für Rechtsanwälte, in: Beck'sches Rechtsanwalts-Handbuch, 1993/94, München: Beck 1993, K VI., S. 1415

Buschbell, Hans; Belser, Karl-Heinz: Zeitmanagement für Rechtsanwälte - Warum und wie? in: AnwBl 11/90, S. 559-561

Heussen, Benno (Hrsg.): Handbuch Vertragsverhandlung und Vertragsmanagement. Planung, Verhandlung, Design und Durchführung von Verträgen. Köln: Otto Schmidt 1997

Heussen, Benno; Frank, Markus: Know-how-Verwaltung, in: NJW-CoR 1995, S. 181 ff.

Mähler, Rüdiger: Effektive Organisation und moderne Kommunikation in der Anwaltskanzlei, Köln: Otto Schmidt 1989

Seiwert, Lothar J.; Buschbell, Hans: Anwaltliches Zeitmanagement - ein Weg zu mehr Erfolg? in: AnwBl 1991, S. 581 ff.

Seiwert, Lothar J.; Buschbell, Hans und Mandelkow, Dieter: Zeitmanagement für Rechtsanwälte - Mehr Zeit für das Wesentliche. Landsberg und Bonn: Moderne Industrie und Deutscher Anwaltsverlag 1992.

8.3 Rechtsanwaltsspezifische Literatur zum Thema "Qualitätsmanagement"

Einleitung

Die nachfolgende Auflistung enthält eine List der Literatur, die sich mit dem Thema des Qualitätsmanagement in der Rechtsanwaltskanzlei befaßt. Sie erhebt nicht den Anspruch der Vollständigkeit und nimmt auch solche Veröffentlichungen mit auf, welche sich mit der Thematik nur am Rand befassen oder einen speziellen Aspekt betrachten.

Monographie

DAV (Hrsg.): TQM Qualitätsmanagement in der Anwaltskanzlei. Bonn: Deutscher Anwaltverlag 1997

Aufsätze

Adams, Heinz: Qualitätsmanagement im Anwaltsbüro: TQM, in: AnwBl 1997, S. 436

Anker, Axel: Checkliste zur Einführung eines Qualitätsmanagementsystems für Anwaltssozietäten, in: WIB 1997, S. 724

Anker, Axel; Sinz, Gerhard: Erste praktische Erfahrungen der Zertifizierung einer Anwaltskanzlei gemäß der Qualitätsmanagementnorm DIN EN ISO 9001, in: AnwBl 1996, S. 372

Arlt, Gregor; Bachthaler, Manfred: Qualitätsmanagement lohnt, in: QZ 42 (1997), S. 4

Blümel, Petra: Die anwaltliche Verschwiegenheit im Zertifizierungsverfahren; in: BRAK-Mitt. 1997, S. 52

Borgmann, Brigitte: Qualitätsmanagement aus Sicht des Versicherers, in: AnwBl 1997, S. 441

Diem, Frank E.R.: TQM oder ISO - zwei Wege, ein Ziel?, in: BRAK-Mitt. 1997, S. 49

Endrös, Alfred; Waltl, Peter: Die zertifizierte Anwaltskanzlei, in: NJW-CoR 1995, S. 402

Endrös, Alfred; Waltl, Peter: Qualitätsmanagement in der Anwaltspraxis, in: NJW 1996, S. 1330

Endrös, Alfred; Waltl, Peter: Qualitätsmanagement in der Anwaltspraxis - ein betriebswirtschaftliches Problem, in: NJW-CoR 1997, S. 288

Ewer, Wolfgang: Die Topoi "Ressourcen und Geschäftsergebnisse" bei der Einführung von TQM, in: AnwBl 1997, S. 447

Fasel, Dieter: Qualitätssicherung und anwaltliches Berufsrecht, in: BRAK-Mitt. 1997, S. 55

Glöckner, Jochen: Neue Wege zur Qualitätssicherung von Anwaltsleistungen? in: AnwBl 1997, S. 185

Häusler, Bernd: Zertifizierung und Anwaltshaftung, in: BRAK-Mitt. 1997, S. 56

Hansen, Wolfgang: Umsetzung von QM im Anwaltsbüro - Zur ISO-9000-Zertifizierung -, in: AnwBl 1997, S. 438

Knorr, Ernst: Blick über den Tellerrand - Qualitätssicherung im Berufsstand der Wirtschaftsprüfer/vereidigten Buchprüfer, in: BRAK-Mitt. 1997, S. 62

Kohl, Herfried: Erfahrungen bei der Zertifizierung von Anwalts-, Steuerberatungs- und Wirtschaftsprüfungskanzleien, in: AnwBl 1996, S. 374

Kohtes, Ernst: Die zwanzig ISO 9000-Prüfnormen, in: AnwBl 1996, S. 369 (siehe auch AnwBl 1996, S. 456)

Krämer, Andreas; Mauer Reinhold: Die strategische Bedeutung der Kundenzufriedenheit für den Rechtsanwalt, in: BRAK-Mitt. 1996, S. 22

Lapp, Thomas: Buchbesprechung zu "Die hohe Schule des TQM", in: BRAK-Mitt. 1997, S. 85

Lindow, Matthias: Leserbrief zu Steinbrück, in: NJW 1997, S. 1266, NJW 1997, Heft 27 S. XX (NJW-Echo)

Lutz, Dieter;App, Michael: ISO 9000 als Einstieg in das Total Quality Management der Rechtsanwaltskanzlei, in: MDR 1997, S. 429

Lutz, Dieter; Bürstner-Peter, Ingrid; Ritzenhoff, Bernhard: Qualitätsmanagement in der Anwaltskanzlei, in: DStR 1995, S. 1767

Mattik, Dierk: DAV-Vorstand beschließt Grundsätze zum Qualitätsmanagement in der Anwaltskanzlei, in: AnwBl 1997, S. 162

Mauer, Reinhold; Krämer, Andreas: ISO 9000 für Rechtsanwälte? in: AnwBl 1996 S. 73

Mauer, Reinhold: Zu den Kosten einer ISO-Zertifizierung von Anwaltskanzleien, in: AnwBl 1997, S. 266

Meyer, Anton: Qualität anwaltlicher Dienstleistungen - Mandantensicht, Instrumentarien -, in: AnwBl 1997, S. 431

Mitteilung: Grundsätze zur Zertifizierung Rechtsanwaltskammer Berlin, in: Berl. AnwBl 1997, S. 110

Mitteilung: RA Kammer Berlin vom 5.3.1997, in: MDR 1997, R 13

Mitteilung: Rechtsanwaltskammer Koblenz

Mitteilung: Vom 49. Deutschen Anwaltstag in Frankfurt a.M., Leitthema 2, Qualitätsmanagement, in: NJW 1997, S. 1763

Niehus, Rudolf J.: Qualitätssicherung in der Wirtschaftsprüfung: Ein Berufsstand verpflichtet sich, in: Der Betrieb 1996, S. 385

Scharwey, Martina: Im Sinne der Mandanten - Qualitätsmanagement und Zertifizierung für Rechtsanwälte, in: QZ 42 (1997), S. 914

Steinbrück, Ralph: Zertifizierung von Anwaltskanzleien nach DIN EN ISO 9000 ff., in: NJW 1997, S. 1266; zugleich Rechtsanwaltshandbuch, Ausgabe 1997/1998 München, 1997, S. 349; zugleich Qualitätsmanagement in der Anwaltskanzlei, Berliner AnwBl 1997, S. 82

Steinbrück, Ralph: Erwiderung zum Leserbrief von Lindow, in: NJW 1997, Heft 27 S. XX (NJW-Echo)

Streck, Michael; Kilger, Hartmut; Ehnert, Manja: Anwendbarkeit von Normen der ISO 9004 Teil 2 (Leitfaden) und ISO 9001 (Zertifizierung) auf Dienstleistungen des Rechtsanwalts, in: AnwBl 1997, S. 190

Streck, Michael; Alvermann, Jörg: Zur steuerlichen Absetzbarkeit von Zertifizierungsaufwendungen nach ISO 9001-9003, in: Bertriebs-Berater 1997, S. 1184

Streck, Michael: Der objektiv "gute" Rechtsanwalt, in: AnwBl 1996, S. 57

Thomas, Jürgen; Vorbrugg, Georg: Total Quality Management, Methoden der Unternehmensführung im Anwaltsberuf, in: AnwBl 1995, S. 273

Vorbrugg, Georg Christian: Qualität anwaltlicher Dienstleistungen Einführung in das TQM von Anwaltskanzleien Liber amicorum für Hans-Jürgen Rabe, S. 207, Hrg. vom Deutschen Anwaltverein und der Arbeitsgemeinschaft für Internationalen Rechtsverkehr im Deutschen Anwaltverein. Bonn: Deutscher Anwaltverlag 1995

Vorbrugg, Georg: Ziele und Strategie bei der Einführung von TQM - Diskussionspapier -, in: AnwBl 1997, S. 445

Waltl, Peter: Qualität durch Normierung? in: NJW-CoR 1995, S. 360

Werner, Marcus: Qualitätsmanagement, TQM und die Zertifizierung, in: NJW-CoR 1997, S. 346

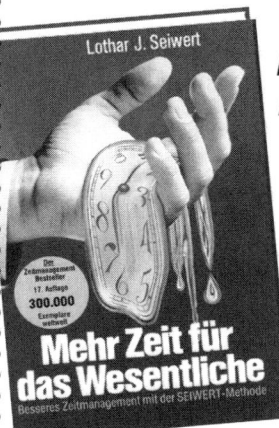

SEIWERT / INSTITUT

STRATEGIE UND TIME MANAGEMENT

Die Zeit läuft.

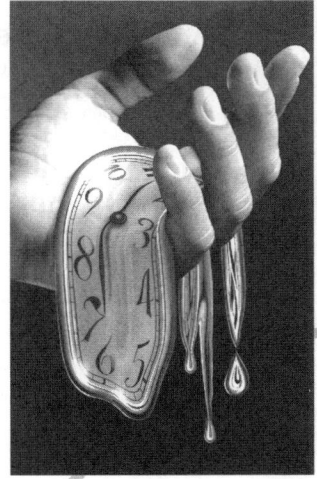

Wenn nicht jetzt, wann dann?

Mit Prof. Seiwert und seinem
Expertenteam können Sie Ihr Wissen
über Time Management über die
Lektüre dieses Buches hinaus vertie-
fen. Durch persönliches Training und
effizientes Coaching lernen Sie ganz
konzentriert, wie Sie „mehr Zeit für
das Wesentliche" finden. Wir informieren Sie gerne.

Wenn nicht so, wie denn?

Sprechen Sie unverbindlich mit uns,
und lassen Sie sich kostenlose
Informationen schicken über:

☐ Motivations-Vorträge im Dialog
   mit Prof. Seiwert in Ihrem
   Unternehmen oder auf Ihren
   Tagungen
☐ Firmeninterne Time Manage-
   ment-Seminare
☐ Öffentliche Time Management-
   Seminare - Ihr Kompaktwissen
   für die Umsetzung in der
   täglichen Praxis
☐ Zeitmanagement-Bücher, -Audio,
   -Video, -Software, -Tests (u.a.
   Time Mastery)

Nutzen Sie Ihre Zeit!

Kopieren Sie einfach diese Seite, und
faxen oder schicken Sie uns Ihre
Wünsche. Oder rufen Sie uns an.

Mit der Zeit kommt auch der Erfolg!

Wir informieren Sie auch gerne
unverbindlich und senden
kostenlose Informationen über:

☐ Seminare zur EKS-
   Strategie, dem sicheren
   Weg zu konkurrenzlosen
   Spitzenleistungen

Name	Vorname
Firma	Abteilung
Straße / Postfach	PLZ / Ort
Telefon	Fax

SEIWERT GMBH · ADOLF-RAUSCH-STR. 7 · D-69124 HEIDELBERG
FON: 0 62 21 / 78 77-0 · FAX: 0 62 21 / 78 77 22
E-MAIL: INFO @ SEIWERT.DE · INTERNET: WWW.SEIWERT.DE

Erfolgreiche Kanzleiführung

Die moderne Anwaltskanzlei

Gründung, Einrichtung und rationelle Organisation
Herausgegeben vom Ausschuß für Büroorganisation und -technik des Deutschen Anwaltvereins
Schriftleitung:
RA Artur Garke

2. Auflage 1997, 640 Seiten, gebunden, 118,– DM
ISBN 3-8240-0200-0

Das Handbuch vereint das organisatorische Know-how aus der täglichen Praxis versierter Anwälte.

„Der Existenzgründer sollte sich das Buch zur Pflichtlektüre machen. Und auch der erfahrene Rechtsanwalt darf sich nicht scheuen, den eigenen Büroalltag anhand des Werkes zu überprüfen."

RA Florian Breit zur Vorauflage in: NJW 21/95

TQM

Qualitätsmanagement in der Anwaltskanzlei
DAV-Leitfaden
Herausgegeben vom Deutschen Anwaltverein
Bearbeitet von den Mitgliedern des TQM-Ausschusses des DAV
unter der Leitung von
Dr. Georg Vorbrugg

1. Auflage 1997, 207 Seiten, gebunden, 58,– DM
ISBN 3-8240-0207-8

Ziel des DAV-Leitfadens ist die fortdauernde Steigerung der eigenen Effizienz und Wettbewerbsfähigkeit durch strategisches Denken, Mandantenorientierung, Rationalisierung der Abläufe und Mitarbeiterzufriedenheit.

Der Leitfaden bietet erste Hinweise zur Etablierung von Qualitätsmanagement in der Anwaltschaft. Er richtet sich an kleine Büros genauso wie an Großsozietäten.

Anwaltliche Werbung von A-Z

Von Prof. Dr. Gerhard Ring
3. Auflage 1998,
258 Seiten, gebunden,
48,– DM
ISBN 3-8240-0235-3

Die neue Berufsordnung ermöglicht einen größeren Spielraum für anwaltliche Werbung. Die Anwaltschaft sollte von diesen neuen Möglichkeiten unbedingt Gebrauch machen. Das Buch stellt die einzelnen Werbemaßnahmen anhand der Rechtsprechung kurz und bündig von A-Z dar. Der Autor bietet damit zugleich eine Fülle von Anregungen für anwaltliches Marketing und die Erarbeitung eines individuellen Marketingkonzepts.

„… Der Leser gewinnt Sicherheit bei den schwierigen Abgrenzungsfragen zwischen zulässiger und unzulässiger Werbung. Der eine oder andere Rechtsanwalt fühlt sich darüber hinaus sicherlich sogar herausgefordert, juristisch noch nicht erschlossenes Neuland zu betreten."

RA Dr. Tobias Lenz zur Vorauflage in: AnwBl 6/96

Marketing für Rechtsanwälte

Von RA Dr. Wolfgang Schiefer und RA Dipl.-Kfm. Dr. Ulrich Hocke
2. Auflage 1996, 148 Seiten, gebunden, 58,– DM (unverb. Preisempfehlung)
ISBN 3-8240-0137-3

Marketing ist eine Unternehmensphilosophie und -strategie, wobei im Zentrum des marketinggerechten Handelns des Anwalts der Mandant steht. Dieses Buch beschreibt grundlegende Ansätze des Marketings und gibt zahlreiche praktische Anregungen, um als Anwalt erfolgreich zu sein.

„… ein unverzichtbarer Ratgeber für alle auf Qualitätssicherung und Zukunftssicherung bedachte Kollegen."

RA Peter Depré, in InVo Heft 7/96

DeutscherAnwaltVerlag

AnwaltPlaner

Bearbeitet von RA Hans Buschbell
Hochwertiger Ringordner mit Schreiber und
3 Registern
Format 21 x 24 cm (ca. A 5), ca. 300 Seiten,
148,– DM, ISBN 3-8240-0240-X.
Bezieher des Grundwerkes erhalten die
Nachlieferung für 69,– DM,
ISBN 3-8240-0241-8.
Erscheint jeweils August für das folgende Jahr.

Der AnwaltPlaner ist ausschließlich für den anwaltlichen Bedarf konzipiert
und bietet die Basis für eine perfekte Selbstorganisation.
Die Vorteile im einzelnen:

• **Wochen- und Jahresplanung**
Auf einem ausklappbaren Blatt sehen Sie die gesamte Woche im Überblick. Spezialrubriken erinnern an Aufgaben ohne bestimmte Anfangs-
zeiten, wie z.B. das Aktenstudium, an die für die Entwicklung der Kanzlei
so wichtigen »Marketingkontakte« oder an Privattermine. Jahresüber-
sichten erleichtern die längerfristige Planung.

• **Organisation**
Mit praktischen Formularen zur Zeit- und Gebührenerfassung und für
Besprechungsvermerke. Die Mandantendatei enthält die von Ihnen
regelmäßig benötigten Informationen zu Ihren wichtigen Mandanten.

• **Information**
Keine Allerweltsinformationen. Stattdessen ein verläßlicher Fundus an
Übersichten, Tabellen und Adressen.

*„Der AnwaltPlaner umfaßt die wesentlichen organisatorischen Belange
des täglichen Anwaltsdaseins und vermag hier eine nicht zu unterschät-
zende Erleichterung herbeizuführen."*

RA Peter Bracken M.A. in MDR-Report 12/96

DeutscherAnwaltVerlag